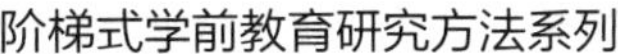
阶梯式学前教育研究方法系列

国家级一流本科专业建设成果
卓越幼儿园教师培养改革项目成果
高等院校学前教育专业教材

学前教育研究方法导论

高妙　著

高等教育出版社·北京

内容提要

本书主要从幼儿园教师做教育研究的角度，阐述学前教育研究的基本方法，内容包括“了解学前教育研究”“学前教育研究的基本步骤”“感知儿童的世界：聚焦观察法”“收集多方信息资料：聚焦调查法”“深入了解个体特征：聚焦个案研究”“解决自身实践中的问题：聚焦行动研究”“由假设到验证：聚焦实验法”“考察事物异同：聚焦比较研究”“以古鉴今：聚焦历史研究”“走进文化中的群体：聚焦民族志研究”。

本书坚持以学生为中心的教学理念，是一本融合纸质材料与数字资源的新形态教材。本书将案例与理论相结合，设计了“学习目标”“学习提示”“案例导学”“延伸阅读”栏目，旨在更好地为教师组织课堂教学和学生自主学习提供帮助。

本书可作为高等院校学前教育专业本、专科教材，也可作为幼儿园教师的培训用书。

图书在版编目（CIP）数据

学前教育研究方法导论 / 高妙著. -- 北京 : 高等教育出版社，2019.12（2025.8 重印）
ISBN 978-7-04-052850-3

Ⅰ. ①学… Ⅱ. ①高… Ⅲ. ①学前教育-研究方法-高等学校-教材 Ⅳ. ①G612

中国版本图书馆CIP数据核字（2019）第227714号

“十三五”江苏省高等学校重点教材（编号：2019-2-032）

学前教育研究方法导论
Xueqian Jiaoyu Yanjiu Fangfa Daolun

策划编辑 王雅君　责任编辑 王雅君　封面设计 张志奇　版式设计 杜微言
插图绘制 于　博　责任校对 刘丽娴　责任印制 赵义民

出版发行	高等教育出版社	网　　址	http://www.hep.edu.cn
社　　址	北京市西城区德外大街4号		http://www.hep.com.cn
邮政编码	100120	网上订购	http://www.hepmall.com.cn
印　　刷	北京印刷集团有限责任公司		http://www.hepmall.com
开　　本	787 mm× 1092 mm　1/16		http://www.hepmall.cn
印　　张	7.75		
字　　数	130千字	版　　次	2019年12月第1版
购书热线	010-58581118	印　　次	2025年8月第4次印刷
咨询电话	400-810-0598	定　　价	18.00元

本书如有缺页、倒页、脱页等质量问题，请到所购图书销售部门联系调换

物 料 号　52850-00

吾国幼稚为萌芽时代，同志诸君，处处须有研究态度，使灿烂之葩，得以尽放……深愿吾国幼稚教师于百忙中每日抽出十分钟之时间，记录其一日间之所得诸问题，如儿童之行为，好尚，身体之发达状况，学习之能力及其特遇之事；又有教学上之实际问题等。此虽小事，实为吾国幼稚教育之根本事业也。

——张宗麟

研究能力是新时代对有质量的幼儿园教师的基本要求。2018年，中共中央、国务院印发的《关于学前教育深化改革规范发展的若干意见》指出，要“完善教师培养体系”“扩大有质量教师供给”。教育部《关于实施卓越教师培养计划2.0的意见》提出，要培养造就一批教育情怀深厚、专业基础扎实、勇于创新教学、善于综合育人和具有终身学习发展能力的高素质专业化创新型幼儿园教师。《幼儿园教师专业标准（试行）》明确提出，幼儿园教师应具备“反思与发展”的专业能力，能主动收集分析相关信息，不断进行反思，改进保教工作；能针对保教工作中的现实需要与问题，进行探索和研究。

所以，培养高素质专业化研究型幼儿园教师成为学前教育专业本科层次人才培养的主要目标。为了实现这个目标，研究方法课程要扮演重要的角色。该课程能帮助学生掌握必要的研究方法，并经历研究的完整过程，以达到培养高素质专业化研究型幼儿园教师的目标。

一、教学改革

传统的研究方法课程一般只开设一个学期，教师只能以讲授的方式向学生介绍各种研究方法，学生看似学习了各种研究方法，但因缺乏实践机会而不能熟练地掌握并应用。自20世纪90年代末开始，南京师范大学学前教育系根据人才培养的需要，对研究方法课程进行了重大调整，将研究方法课程由一个学期的单一课程扩展为五个学期、五个专题的系列课程，包括专业入门、文献法、观察法、调查法、论文选题与写作，课程名称由“幼儿教育研究方法”改为“学前教育研究方法与训练”，这样既保证了研究过程的完整性，又凸显了幼儿园教师需要重点掌握的研究方法。

我们为此组建了专门的“学前教育研究方法与训练”教学团队，就研究方法课程进行了系列教学改革与项目研究。在长期的教学改革过程中，我们达成几点共识：从关注教师“教什么”向关注学生“学什么”转变 ，从让学生“被迫学习”向激发学生“主动求知”转变，从单一“课堂教学”向多元“媒介学习”转变，从“教材体系”向“学材体系”转变。在长期实践中，我们根据“毕业生回炉交流与学习”“毕业生线上问题咨询”情况，以及定期收集的用人单位人才使用反馈意见，不断调整课程结构。

二、教材构成与特色

在教学改革与项目研究过程中，我们发现已有教材难以实现我们的人才培养目标，也与我们的教学理念有出入。为了更好地培养具有专业素养和研究能力的幼儿园教师，本团队也致力于编写一套理念先进、以生为本、内容翔实、形式多样的“阶梯式学前教育研究方法系列”教材，以切实提高学生的研究能力。

这套教材由《学前教育研究方法导论》《跟随学前教育名家做研究》《学前教育观察法》《学前教育调查法》《学前教育专业毕业论文写作》五个册本构成。其中，《学前教育研究方法导论》旨在帮助学生初步了解各种研究方法，形成对学前教育研究方法的整体认识，主要围绕幼儿园教师是否需要做研究和如何做研究的问题展开，介绍了学前教育研究可能用到的各种研究范式和研究方法。《跟随学前教育名家做研究》介绍了陈鹤琴、张雪门等十位学前教育名家是如何通过研究发现儿童、发现学前教育的基本规律的。这十位名家为学生树立了研究的榜样，学生在模仿前辈的研究中，能够端正研究态度，提升专业自信，激发教育情怀，达到由知到行的目的。在全面了解研究方法的基础上，学生还要由面到点、深入系统地学习《学前教育观察法》和《学前教育调查法》。这两本教材围绕学前教育最常用的两种研究方法的特点、适用性、使用程序和基本方法，为学生提供了大量的“活动”和“示例”，帮助学生在研究和练习中，由浅入深、循序渐进地掌握这两种研究方法。最后，学生可以由分到合、注重实效地学习《学前教育专业毕业论文写作》。这册书系统地梳理了如何选择研究问题、深入现场收集资料、整理与分析研究结果、呈现表达研究成果等内容。在大量的练习中，学生能掌握论文写作的方法和技巧，最后以一篇毕业论文完成系列研究方法的学习。

总体而言，阶梯式学前教育研究方法系列教材具有以下几个特点。

第一，注重体验，操作性强。方法必须在“做中学”，学生必须“在做研究的过程中体验并学会做研究”。本系列教材总结了南京师范大学学前教育系十多届学生在做研究过程中遇到的问题、行之有效的经验，在吸纳国际、国内学前教育研究方法的新进展的基础上，为学生了解并掌握研究方法提供了较多“做”的机会，帮助学生对研究过程进行反思，进而内化相关知识，提升研究能力。

第二，自主学习，多元互动。本系列教材为学生设置了许多练习问题，问题的参考答案以二维码的形式链接在教材中，这也是学生、教师与教材编写者对话的窗口。同时，我们还为学生提供了大量阅读资料，供学有余力的学生进一步拓展学习，开阔研究视野。

第三，相互捆绑，单独成册。本系列教材依知识类型和知识点，分成五个分册，这样既突出重点，又能使内容相对独立，便于学生集中学习，同时便于携带和管理。五个分册之间的知识点彼此联系且相互渗透，学生通过扫描二维码，还可便捷、高效地查看其他分册相关知识点内容，避免了重复繁杂。

衷心感谢高等教育出版社领导和编辑的鼎力支持，除了随时在线沟通外，肖冬民分社长和王雅君编辑不辞辛劳专程来南京与作者面对面交流，从而有效提升了系列教材的质量，也促使系列教材能够早日面世。

“阶梯式学前教育研究方法系列”教材是南京师范大学“学前教育研究方法与训练”教学团队持续改革、不懈努力与创新的成果。恳请同行批评指正！

“学前教育研究方法与训练”教学团队建设

项目负责人：邱学青

2019年12月于随园校区

目录

单元1　了解学前教育研究

学习目标

了解什么是研究型幼儿园教师。

了解在自己工作的幼儿园中进行研究的优势和局限性。

了解学前教育研究的伦理要求。

掌握教育研究的基本类型。

学习提示

幼儿园教师应该如何进行研究？在研究中需要注意什么？教育研究有哪些类型？通过这一单元的学习，我们应当对以上问题有明确的答案。大家在学习过程中可以结合自身的教育实践体会，了解在自己所带班级或幼儿园中进行研究的优势和局限性、学前教育研究的伦理要求、教育研究的基本类型。

讨论1　走进学前教育研究

在当今这个瞬息万变的时代，专业知识不断更新，教育观念不断变化，人们寻找信息的方式、方法也层出不穷，幼儿园教师需要不断更新知识和观念，以适应社会发展的需要。

一、我可以既是教师又是研究者吗

作为一名幼儿园教师，我需要掌握教育研究方法吗？相信这是不少幼儿园教师都有的疑问。在日常教学中，开展适合幼儿身心发展特点的活动，注重幼儿个体差异，选用合适的教学策略等，都需要教师对幼儿教育实践问题保持敏感，并能够积极寻找解决问题的途径。苏霍姆林斯基认为，如果想要提高教学质量，就不能离开科学研究工作。幼儿园教师应该能够敏锐地发现问题、乐于观察、愿意尝试，能够关注学前教育热点和焦点，并能够联系自身实践不断充实、更新自己的学科知识和教育理念。

成为研究型幼儿园教师是时代发展的需要，是国家对幼儿园教师的新要求。《幼儿园教育指导纲要（试行）》和《3—6 岁儿童学习与发展指南》要求学前教育要遵循幼儿的身心发展特点和保教活动的规律。2012 年颁布的《幼儿园教师专业标准（试行）》更是在基本理念中明确要求教师要研究幼儿，遵循幼儿成长规律，提升保教工作专业化水平。研究能力是教师专业化的体现，也是幼儿园教师必备的素养之一。

那么，一个研究型幼儿园教师应当具备哪些能力呢？关于这一问题虽然没有标准的答案，但通常一名研究型幼儿园教师应该有先进的教育理念和教育教学知识，充分了解幼儿发展的特点，能够使用恰当的教育策略和技巧，有效解决问题。研究型幼儿园教师还应当具有反思精神与研究能力，在实践→反思→再实践→再反思的过程中不断提高专业能力，善于发现问题，勤于分析问题并能够有效解决问题。最后，研究型幼儿园教师应当是终身学习者，能够主动了解学前教育发展的动态，具备持续学习的意识和能力，以不断优化自身的知识结构和能力结构。

二、我可以在自己班级或幼儿园进行研究吗

幼儿园教师的研究常常在日常教学工作中展开，研究的地点和环境就是自己所在的班级或幼儿园，这样开展研究更便捷，获得许可较容易，实践性与应用性较强，带有局内人的理解等优势，同时也存在易产生偏见、主观性强，会出现结论期待效应，推广性较弱，伦理失范等问题。

（一）在自己班级或幼儿园进行研究的优势

便捷：不用辗转到各个地方收集资料，在时间、空间和研究安排上都省时、省力。

获得许可较容易：获得研究对象的许可通常比较容易，因为研究人员即是本园教师。但是教师不能在研究对象不知情和没有获得同意的情况下，直接进行涉及幼儿

和父母的研究工作。这一点将在后面进一步讨论。

实践性与应用性较强：研究问题大多来源于教师在幼儿园教学实践中的困惑；教师在本园研究问题、解决问题的过程中，多数会紧密结合本园的具体情况，所以所得研究结论的应用性也较强。

带有局内人的理解：教师对本班和本园的情况往往有着局内人的深入理解，这种理解非常深入，对结果的解释也更充分。然而，这种局内人的立场也是一把双刃剑，有时会导致“不识庐山真面目，只缘身在此山中”的问题。

（二）在自己班级或幼儿园进行研究的局限性

易产生偏见、主观性强：局内人身份可能使研究者带有偏见，研究的主观性较强，因为他们可能很难对研究现象保持冷静、客观、公正的态度。如在选择性抽样、收集或分析数据中带有偏见，对结果解释带有个人好恶。因而教师在进行研究时要注意避免这些问题，并在研究过程中尽量保持客观、中立的态度，减少偏见。

会出现结论期待效应：当教师在自己的班级中开展研究时，有时会对研究结果抱有特定的期待，这可能会影响研究过程和结果。尤其当教师尝试一种新的教育方法时，内心自然会期待新方法产生良好的效果。对该局限性的充分认识和对资料的客观分析能够尽量减轻这一局限性对研究产生的影响。

推广性较弱：当教师在自己班级或幼儿园进行研究时，所得的结果推广到其他班级或幼儿园的可能性较小。例如，在研究某种教学方式的效果时，研究结果可能是由很强的教师个体效应导致的。如该教师自身能力较强、对研究项目很投入等，而非教学方式本身带来了显著的效果，因而研究结论的推广性较弱。尤其值得注意的是，教师在自己所带班级的研究更强调实践性，强调解决自身教育教学实践中的问题。

伦理失范：有一些伦理规范问题在研究中值得注意，因为研究人员也是教师。儿童和父母的知情同意、资料保密、隐私保护、资料使用等都是伦理要求的重要内容。研究数据和班级幼儿资料之间的模糊界线让伦理失范这一问题更加复杂。例如，教师收集儿童学习过程和学习表现的资料，用它作为研究数据，可能会涉及后续的公开演示、成果发表等，所以教师需要谨慎处理使用的资料，避免出现伦理失范的问题。

综上，我们看到任何教师在自己班级或幼儿园展开研究时都有一定的优势和局限性，我们应当尽量扬长避短，在日常教学工作中不断反思、改进，提高自身的专业化水平，做一名专业的研究型幼儿园教师。

三、如何与儿童一起做研究

在学前教育领域中，很多研究都有儿童的直接参与，儿童在认知、语言、行为、心理等许多方面都和成人不同，那么在有儿童参与研究时我们需要注意些什么呢？

在传统的学前教育研究中，儿童基本都是研究的被动接受者，如对儿童进行观察、评定儿童的某项能力、让儿童参与测试等。近些年，学前教育研究越来越重视以儿童的视角关注儿童的生活体验和经验建构，让儿童成为学前教育研究的参与者。由英国学者提出的“马赛克方法”（mosaic approach）就是一种将传统研究方法（如观察、访谈）和参与式工具（如让儿童使用相机拍照、画画、角色扮演等）结合使用的新方法，这使儿童作为参与者加入到研究中成为可能。比如，儿童可以围绕研究主题用相机拍照，并与研究者共同欣赏所拍摄的作品，由儿童来解读照片内容或解释拍摄原因。又如，研究者让儿童采用绘画和贴画等方式制作他们眼中的幼儿园或旅行去过的地方等，以此了解儿童的观点。我们可以看到该方法使用了多种研究工具来获取儿童的经验或看法，每一种工具获取的信息都形成一片“马赛克”，拼在一起就构成了相关主题的儿童视角的完整图画，故而称为“马赛克方法”。

马赛克方法案例：《基于儿童视角的美工区研究》（洪文元）

四、研究伦理

与儿童一起做研究，除了需注意以儿童的视角了解儿童之外，还有一些研究伦理规范需要遵守。

（1）知情同意：参与者是否了解了完整的信息（如研究目的、方法和程序）？与研究相关的儿童、父母、教师等多方角色是否同意自愿参加？研究者是否充分尊重了参与者的意见？

（2）投入与益处：参与研究的每一方能否从中获益？他们在时间、精力、经济上需要投入什么？

（3）伤害与风险：这项研究可能会对相关人员有哪些影响？会造成任何身心伤害吗？发生这种伤害的可能性有多大？

（4）诚实与信任：研究者与参与者之间的关系是什么？研究者对参与者有欺骗或隐瞒行为吗？他们互相信任吗？

（5）隐私与匿名：研究将如何保护参与者的个人身份信息？研究者如何对收集到的资料信息做到保密？在有研究需要时，如何识别参与研究的个人或组织？

（6）分析与使用结果：如何不掺杂个人偏见、客观准确地分析、呈现结果？如果结果不符合预期，该怎么办？如果发现对结果的使用和报道不正确或有害，该怎么办？

讨论2　教育研究的基本类型

教育研究依据不同的标准可分成不同的类型，学前教育研究也不例外。接下来我们将介绍几种常见的教育研究的基本类型。

一、按研究目的划分

按研究目的划分，教育研究可分为基础研究和应用研究。

基础研究（basic research）是为建立或完善理论而对有关理论问题进行的探索，主要回答“是什么”和“为什么”的问题，目的是揭示和解释教育现象及内在规律。如《艺术感觉与儿童发展》《幼儿教师儿童学习观变革之路探寻》《幼儿园常规文化批判》就属于基础研究。

应用研究（applied research）旨在应用或检验理论。它对基础研究的成果做进一步的验证，主要回答“怎么办”的问题，目的在于解决某些特定的问题或提供直接有用的知识。如《基于STEAM理念的大班儿童工程教育研究——以幼儿“木工坊”为例》《幼儿喜欢什么样的图书区》就属于应用研究。

二、按研究范式划分

按研究范式划分，教育研究可分为量化研究、质性研究和混合研究。研究范式（research paradigm）是一个研究群体所持有的研究视角，是建立在一系列共同的假设、概念、价值观和实践基础上的。[①]换句话说，它是思考和开展研究的视角和方法。

---

① 约翰逊，克里斯滕森. 教育研究：定量、定性和混合方法 第4版［M］. 马健生，等译. 重庆：重庆大学出版社，2015：31.

量化研究也称定量研究（quantitative research），它是主要依赖量化的研究资料（数字型数据），并通过进一步分析、考察和解释数据，以确定事物某方面量的特征，从而获得意义的研究方法。它主要通过解决“是多少”的数量问题来对事物进行研究，注重验证性方法，如理论检验和假设检验，用事实数据来验证和判断假设。

质性研究也称定性研究（qualitative research），它依赖质性的研究资料（文字、图片、视频等），对事物的质的方面进行分析和研究。它主要通过解决“为什么”的问题来对事物进行研究，注重探究性方法，用语言文字的描述、解释功能来建构研究意义，有时也提出新的理论和假设。

混合研究案例:《幼儿家庭安全教育现状及对策研究》

混合研究（mixed research）也被称为混合方法研究（mixed methods research）。20世纪80年代，研究者对于量化研究和质性研究的范式之争达到高潮，有些研究者持只能二选一的观点。到了90年代，许多研究者开始倡导实用主义的观点，创造性地将假设、思想、方法融合在一起，这对于思考和研究教育问题是非常有益的。混合研究综合了多重研究视角、理论和方法，将量化研究和质性研究看作互为补充的方法。

三、按收集资料的手段划分

按收集资料的手段划分，教育研究可分为观察研究、调查研究、实验研究、文献研究、测验研究。

观察研究（observation research）是研究者根据一定的研究目的，通过自己的感官或借助其他辅助工具，在自然条件下，对研究对象进行有目的、有计划的观察、记录和分析，从而获取事实材料的一种研究方法。详细内容参见本书单元3和《学前教育观察法》（邱学青）。

调查研究（survey research）是运用多种方法手段，对被调查者的观点、态度、行为等方面进行有目的、有计划、系统地间接了解和考察，并对所收集到的资料进行整理和分析的一种研究方法。详细内容参见本书单元4和《学前教育调查法》（原晋霞）。

实验研究（experimental research）是以教育理论或假设为指导，对研究条件进行人为控制，在不同实验条件下观察行为或现象，以探讨各行为间或现象间因果关系的研究。实验研究的目的是探讨条件因素发生变化后引起现象变化的因果关系，因而在这个过程中强调自变量的操作和无关变量的控制。自变量的操作指研究者人为地控制某些变量，以观察其是如何引起因变量相应变化的系列方式。无关变量的控制是指在实验中需要将与自变量、因变量无关的变量保持在稳定水平，从而使研究不受无关变量的干扰的操作，以保证研究结论准确。

文献研究（literature research）是通过查找文献资料，对已有的研究进行整理和分析，从而得出一个综合性结论的研究。文献研究获取资料的方式和其他研究类型有很大差异，它是研究者从已有文献中提取有用信息，并做出适当的整理和利用，以达到研究目的的一种研究方法。文献研究既可作为一种独立的研究方法，也可作为任何一种研究中必不可少的重要环节。本书虽不将文献研究作为一个单元加以介绍，但单元2会涉及文献查阅与文献综述。

测验研究（educational assessment）是对研究对象进行某些测验，收集测验结果并整理、分析，得出某些结论的研究。测验要标准、客观，操作程序应规范、严谨，其测验工具编制、施测、评分和解释都应遵循标准化要求。这种标准化主要体现为：测验内容的标准化，即测量工具中的题目应经过标准化过程的编制和筛选；施测过程的标准化，即测试的时间、地点、环境条件、指导语等都要有标准化的规定；测验评分的标准化，即应制定严谨的计分方法。[①]正因为测验研究对标准化程度要求较高，在实际研究中寻找合适的、成熟的测验工具是一种便捷的研究方式，其所得测验结果比较准确、可靠，也方便资料处理、统计分析和与常模进行比较。如需自编测验工具，研究者需从题目内容、形式、难度、区分度等诸多方面进行题目编制与测试，这往往要反复修改，如删除无关题目、增加有用题目、修订原有题目等，研究者要充分做好研究计划和进度安排。

测验研究案例

教育研究的类型多种多样，采用不同的视角、不同的分类方式就会呈现出不同的类型。本书后文将介绍几种学前教育研究常用的方法。

① 王彩凤，庄建东.学前教育研究方法［M］.北京：北京师范大学出版社，2011：111.

延伸阅读

1. 吴义昌.如何做研究型教师［M］.上海：华东师范大学出版社，2014. 请重点阅读该书第一章，并结合自身体会了解研究型教师的形象。

2. 顾荣芳，等. 竹节的力量：关键事件与幼儿教师专业成长研究［M］. 南京：南京师范大学出版社，2011. 请重点阅读"研究性教学对促进幼儿教师的专业成长"部分。

3. 格里斯. 研究方法的第一本书［M］. 孙冰洁，王亮，译. 大连：东北财经大学，2011. 本书旨在使学生掌握一些重要的研究工具和研究术语。请重点阅读第1章有关研究的本质和第2章有关研究的具体细节的内容。

单元2　学前教育研究的基本步骤

学习目标

了解学前教育研究的基本步骤。

能够按照规范设计研究方案和实施研究。

学习提示

做研究需要遵循一定的程序，学前教育研究也不例外。研究通常包括六个步骤（图2-1）：选择研究课题、查阅文献与文献综述、设计研究方案、收集资料、整理和分析资料、研究成果的表达。本单元学习重点在前三个步骤，收集资料、整理和分析资料两个步骤合并放在本单元讨论4中。另外，对质性资料的具体分析可参见本系列丛书中的《学前教育观察法》（邱学青），对量化资料的具体分析可参见《学前教育调查法》（原晋霞），研究成果的表达可参见《学前教育专业毕业论文写作》（郭良菁）。

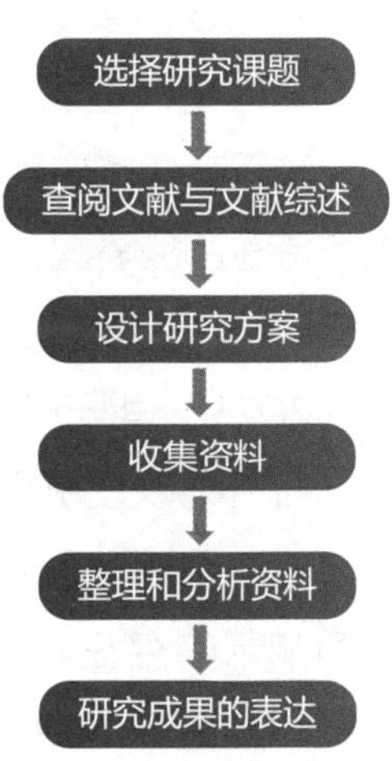

图2-1　研究的基本步骤

讨论1　选择研究课题——我要研究什么

我们在着手研究时会思考：我要研究什么？我该如何确定题目？我选择的研究内

容有意义吗？这一环节即研究的最初环节——选择研究课题，即选题。它对后续一系列研究工作的导向、价值，以及研究成果的质量和影响，都具有重要意义。

不论哪种类型的研究，都要从选题开始，选题是一个由初步意愿到思路逐渐清晰的过程。研究者可以从理论或实践入手，结合自身的兴趣，通过了解教育规划课题指南、学习教育理论或对教育实践进行观察与思考等途径初步确定选题的范围，再通过查阅教育文献、分析研究的主客观条件，逐步缩小选题范围，最后确定既有研究价值，又有一定实践和理论基础，以及研究可行性的课题。

一、选题从哪里来

做研究最初面临的问题是从哪里选题，到哪里去找研究问题，通过什么途径去找。通常研究者可以从教育实践、已有研究成果、教育规划课题指南、社会热点等方面以及与他人交流等途径寻找课题，在此主要介绍前三种情况。

1. 从教育实践中来

教育实践是教育工作者选题的一个主要来源。在自身实践或观察到的实践活动中，我们有可能碰到日常教学亟待解决的问题，也有可能是在实践中积累了一定的经验有待验证的情况，或是在教育教学改革中面临的新问题等，这其中会有许多值得探讨的问题，这些都可能成为研究课题。

2. 从已有研究成果中来

在查阅以往研究成果时，研究者通过阅读理论著作和梳理文献资料，可能会发现：一些问题尚没有被研究，而对这些问题进行研究可对教育理论做出一定贡献；已有文献中存在尚有争议的问题，需要进一步探索和求证；有些问题需要沿着前人的足迹更深入地进行探索。从已有研究成果中寻找研究课题是一个重要的选题来源。

3. 从各级教育规划课题指南中来

每一年各级政府都会公布教育规划课题指南用以指导课题申报，这些指南都是根据当下社会发展情况，由专家们讨论后形成的课题。无论申报与否，研究者都可以从中了解课题规划的整体方向、该年度需要解决的教育问题，这些内容可以激发自己选择研究课题的思路。如“2019年度全国教育科学规划国家重大和重点招标课题指南”中列出的选题方向包括“新中国成立70年教育发展的历史阶段及其特征与经验研究”“人工智能与未来教育发展研究”等研究方向。参考以上的课题指南，与学前教育专业相关的课题有“新中国成立70年以来学前教育价值取向的变迁研究”“教育机器人与幼儿园教育活动整合对幼儿心理发展的作用”“人工智能应用对幼儿语言发展的影响机制”等。

2019年全国重点课题示例

此外，我们还可以关注一些社会热点话题，在与他人的讨论和交流中发现研究课题，从不同学科的交叉点寻找课题，从学前教育的前沿研究或面临的突出问题中选题，这些都是选题的途径。无论采取哪种途径，都需要结合自身的研究兴趣及研究专长。我们应当认识到，找到合适的课题并不是一件容易的事情，最开始我们可能会面临提不出问题的情况，接着我们虽然能够提出一些问题，但这些问题的研究价值如何、是否有新意、是否切实可行，都是需要反复考量的。经过一定时间的积累后，我们才能逐步提出具有研究意义的课题。表2-1为优秀毕业论文示例。

表2-1　2018届本科、硕士、博士优秀毕业论文示例①

类别	论文
本科	1.《中班角色游戏中的幼儿同伴互动研究》
	2.《基于儿童视角下的幼儿入学准备心理研究》
	3.《早期教育视角下的幼儿APP质量评价标准的研究》
	4.《幼儿园大班戏剧方案教学的行动研究》
	5.《混龄教育理念下同伴介入法对轻微自闭症儿童社会交往的干预研究》
	6.《幼儿园集体教学活动发展与变革的历史研究》
	7.《国内十年儿童肥胖与饮食习惯关系研究的元分析》
	8.《幼儿园质量文化建设的理论基础研究》
	9.《幼儿园应该安装实时监控吗？——来自家长和教师的声音》
	10.《特殊儿童家长心理弹性的影响因素研究》

① 第十二届全国高校学前（幼儿）教育专业优秀毕业论文评选结果公告［J］. 幼儿教育（教育科学），2018（9）：52-56.

续表

类别	论文
硕士	1.《“学习故事”对大班幼儿自我概念的影响》
	2.《社会建构视角下儿童游戏中学习行为的研究——以数学棋类游戏为例》
	3.《4—5岁听力障碍儿童词汇水平研究》
	4.《大班幼儿学习品质的表现性评价研究》
	5.《我国台湾地区幼儿园行为课程实施的个案研究》
	6.《中美幼儿数学动画片之比较研究——以中美两部幼儿数学动画片为例》
	7.《未来15年S市幼儿园发展需求调查研究——基于幼儿园园长的调查》
	8.《5—6岁儿童对幸福的认知——基于马赛克方法的研究》
博士	1.《幼儿园教师的儿童行为观察与支持素养的提升研究——以2—5年教龄的适应期教师为例》
	2.《职后教师在线学习课程中教学临场感的实证研究——以S市中小学（幼儿园）教师网络培训课程为例》
	3.《幼儿园户外活动环境对幼儿身体活动影响的研究》
	4.《清末民国时期学前教育政策研究》
	5.《学前儿童双语学习对执行功能的影响——基于fNIRS脑成像技术的研究》
	6.《早期儿童汉语、英语学习态度及倾向性的隐喻认知研究》
	7.《5—6岁普通幼儿对特殊需要幼儿的接纳态度及其干预研究》

二、选题时应注意什么

在选题时需要考虑究竟怎样的问题才能成为研究问题，通常研究者应遵循价值性原则、可行性原则和创新性原则。

1. 价值性原则

价值性原则是选题的重要依据，具体指选题要有理论价值和实践价值。理论价值指选题对学科理论体系的发展、完善具有一定的贡献。实践价值指选题对解决工作实践中的问题、推进教育改革具有一定的价值。

2. 可行性原则

可行性原则指研究者是否具备完成研究的主、客观条件。主观条件主要指研究者自身的知识结构、专业水平、个人兴趣等。客观条件所指范围包括时间、空间、精力、可利用资料、技术手段的情况等。

3. 创新性原则

创新性原则是指选题要有创见、有新意。研究前人未发现的问题、未完全解决的问题，或从新的角度切入、采用新的研究方法等，总之待研究的选题应具备一定的新颖性。如果选题已有人研究过并有了解决的办法，那么就不需要重复劳动，也就不再有研究的价值了，因而研究者要格外注意对已有文献的查阅和梳理。

三、如何提出具体的研究问题

研究的开展都围绕着研究目的与研究问题进行，研究问题的提出是一个逐步细化、逐步聚焦的过程，我们往往需经历以下几步：明确研究范围、选择研究主题、提出宽泛与具体的研究问题。整个过程像一个漏斗一样（图2-2）。

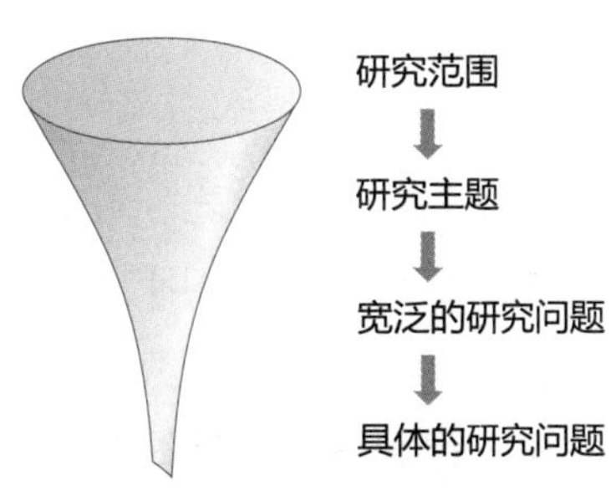

图2-2　逐步聚焦研究问题

例如，表2-2展现了一项探讨幼儿社会交往能力的研究，从确定研究范围到细化研究问题的过程。该表所列举的研究问题只是一个展示，用以说明研究问题逐级展开的过程。

表2-2　从确定研究范围到确定具体的研究问题的示例

步骤	研究问题示例
研究范围	幼儿社会交往能力
研究主题	影响幼儿社会交往能力的因素
宽泛的研究问题	1. 家庭背景因素是如何影响幼儿社会交往能力的？
	2. 幼儿园因素是如何影响幼儿社会交往能力的？
具体的研究问题	1.1　家庭社会经济地位与幼儿社会交往能力之间的关系是什么？
	1.2　父母的文化程度与幼儿社会交往能力之间的关系是什么？
	2.1　师幼关系对幼儿社会交往能力有影响吗？
	2.2　同伴对幼儿社会交往能力有影响吗？

四、研究问题为什么重要

研究问题之所以重要，是因为研究问题是整个研究的核心，它们在确定研究选题、指导研究方向和保证研究内容的一致性、明确研究重点与研究边界、为拟订研究方案提供框架、指导资料收集和结果分析、让研究者在整个研究期间保持专注和聚焦等方面起着重要作用。

讨论2　查阅文献与文献综述——看看别人做了什么

在确定选题之后、开始研究之前，我们需要了解与选题相关的研究已有哪些，这些已有研究进行到什么程度，这就需要查阅文献。查阅文献可以帮助研究者了解选题相关的国内外研究动态，进一步明确研究的范围、思路和方法。其实，查阅文献是贯穿研究过程始终的，从明确选题到选择方法，再到分析资料，最后到呈现结果，都离不开查阅文献，它是研究的一个重要环节。

一、为什么要查阅文献

查阅文献资料有以下几点作用。第一，掌握相关基础理论知识，了解研究的动态。我们的研究都是在前人已有成果的基础之上进行的，因而我们需要了解之前研究的情况以及目前的研究趋势，这样才能更好地把握自己研究的切入点，将自己的研究融入该研究领域，研究成果也才能进一步深入。第二，避免不必要的重复劳动。如果研究者对资料掌握得不够全面，花费了大量时间和精力进行研究，最后研究结果还是前人已进行过并且公开发表了的，那么这样的重复劳动是无意义的。第三，为研究提供科学论证和研究方法。通过查阅文献，研究者可以借鉴之前的研究是如何进行的，对拟订研究计划、确定研究方法都有一定的帮助。第四，帮助研究者解释结果。研究结果该如何理解？这个时候查阅相关文献能帮助我们找到丰富的资料解释结果。

二、如何做文献检索

在信息时代，利用网络技术寻找信息资源是一项重要能力，如利用各种途径检索文献。检索什么？如何找到我想要获得的信息？检索时需注意些什么？这些都是我们在进行文献检索时会遇到的问题。

（一）如何检索

常用的文献检索途径主要有数据库、图书馆、搜索引擎。

1. 数据库

如今，数据库是我们在寻找专业文献资料时经常使用的网络平台。学前教育专业领域比较常用的中文数据库有中国知网、万方数据知识服务平台、中国社会科学引文索引、中国人民大学复印报刊资料数据库、超星、读秀等，各数据库的功能见表2-3所示。

表2-3　国内常见数据库

类型	功能简介
中国知网（CNKI）	可检索期刊、学位论文、会议论文、报纸、图书、统计数据、工具书、年鉴、图片等多种类型资料，内容丰富多样，使用广泛。文献检索提供多个检索条件，包括主题、关键词、作者、作者单位、发表时间、文献来源、支持基金等（图2-3），还提供不同范围的检索。如在“主题”中输入“学前教育”作为检索词，显示找到25 319条结果；若进一步限定发表时间为2017年1月1日至2018年12月31日，文献来源为《学前教育研究》期刊，那么可看到有59条结果（检索时间为2019年7月30日） 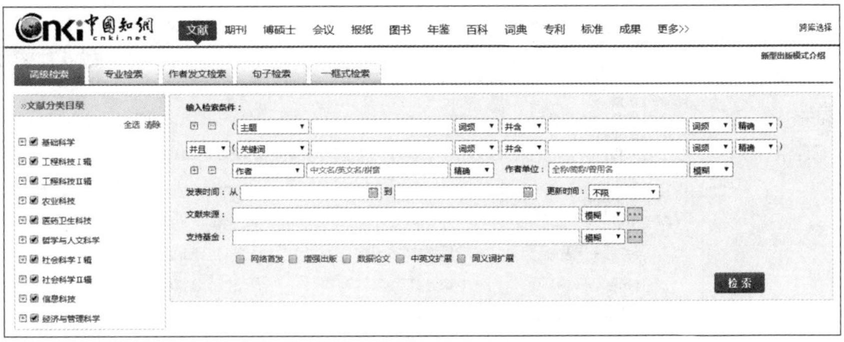 图2-3　中国知网高级检索示意图

续表

类型	功能简介
万方数据知识服务平台	可检索期刊、学位论文、会议论文、专利、科技报告统计数据、工具书、地方志、视频等十余种类型的资源，覆盖各研究层次，使用广泛，如图2-4所示： 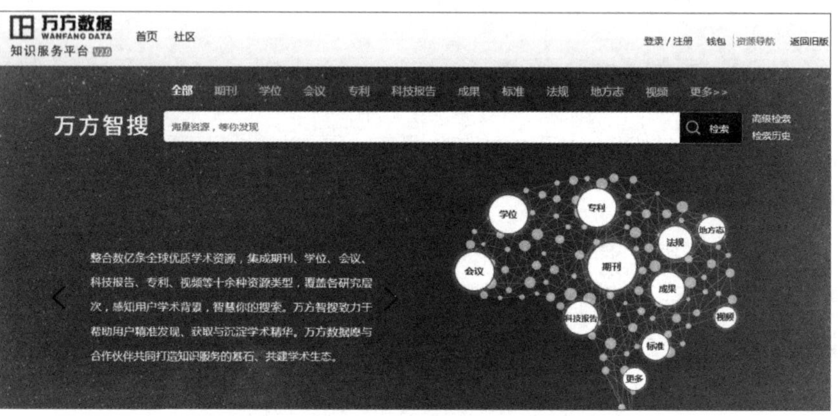 图2-4　万方数据知识服务平台界面
中文社会科学引文索引（CSSCI）	该数据库由南京大学中国社会科学研究评价中心开发研制。从全国2 700余种中文人文社会科学学术性期刊中精选出学术性强、编辑规范的期刊作为来源期刊，可提供所有CSSCI来源刊的收录和被引情况，是人文社会科学文献信息查询的重要工具，如图2-5所示：  图2-5　中文社会科学引文索引界面

续表

类型	功能简介
中国人民大学复印报刊资料数据库	该数据库按专题精选全国各个报刊发表的人文社会科学论文全文和相关学科的重要论文索引。其首页界面如图2-6所示： 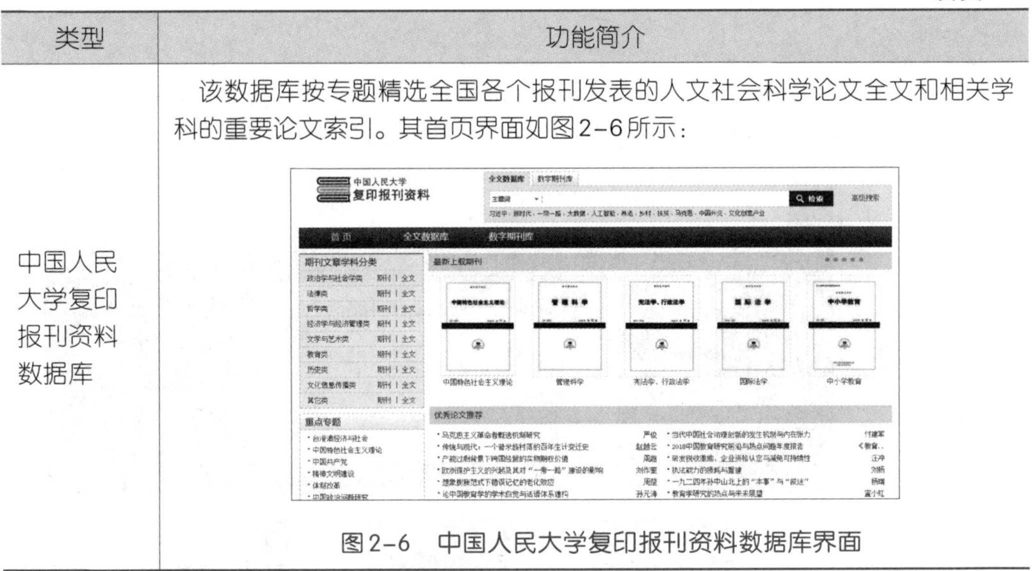 图2-6　中国人民大学复印报刊资料数据库界面

此外还有超星和读秀可提供查阅电子图书等服务。

为了解国外研究动态与国际前沿，有时我们需要直接查阅英文文献。教育学领域常用的英文数据库在表2-4中展示，其中有的是专门的教育类文献数据库，有的是综合学科的文献数据库。

表2-4　国外常用数据库

类型	功能简介
ERIC	全称为Education Resources Information Center，它是一个教育研究和信息的在线资源网，由美国教育部教育科学研究所赞助。研究者可登录该网站找到杂志清单，点击所查找的杂志获取相关信息。其首页界面如图2-7所示： ERIC Institute of Education Sciences Collection　Thesaurus Search education resources　Search　Advanced Search Tips Peer reviewed only　Full text available on ERIC 图2-7　ERIC界面

续表

<table>
<tr><th>类型</th><th>功能简介</th></tr>
<tr><td>JSTOR</td><td>全称为Journal Storage，它主要以人文及社会科学方面的期刊为主，兼有一般科学性主题的代表性学术期刊。其首页界面如图2-8所示：
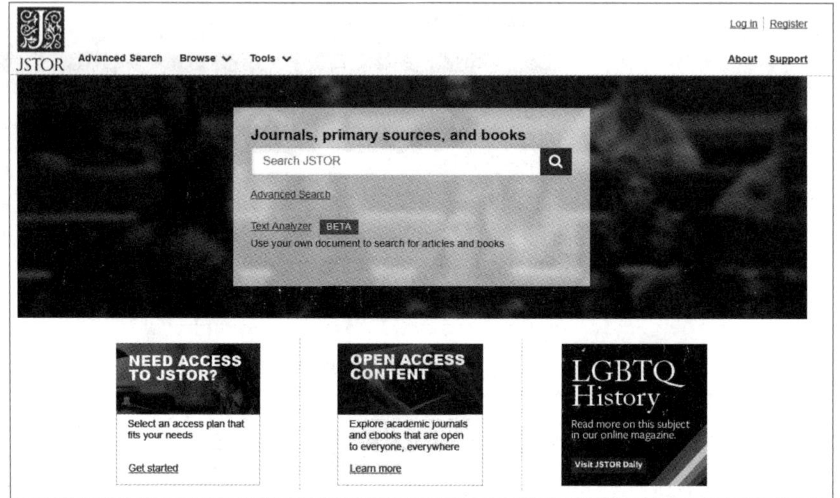

图2-8　JSTOR界面</td></tr>
<tr><td>SpringerLink</td><td>它提供包括Springer和原Kluwer出版的全文期刊、图书（包括科技丛书和参考书）等。其首页界面如图2-9所示：

图2-9　SpringerLink界面</td></tr>
</table>

续表

类型	功能简介
Elsevier	Elsevier除了出版图书外，还是当今世界上最大的学术期刊出版商，其内容涉及生命科学、工程技术及社会科学等，其中许多为核心期刊，其首页界面如图2-10所示： 图2-10　Elsevier界面
SAGE journals	SAGE journals出版的学术期刊包括生命健康、社会科学等领域，约30%的期刊位列相应领域的前10位。其首页界面如图2-11所示： 图2-11　SAGE journals界面

2. 图书馆

每个高等院校的图书馆和城市公共图书馆都有大量图书、报纸、期刊、音像资料等，我们在查找文献资料时可以充分利用这些资源。除了实体资料以外，现代化的图书馆还拥有大量数字资源。图书馆是机构用户，我们可以通过图书馆进入各个数据库，搜索全文信息。每个学校的图书馆系统虽有不同，但一些基本检索功能大同小异。图2-12是南京师范大学图书馆的主页面，可看到“查找图书”“数字资源导航”等。

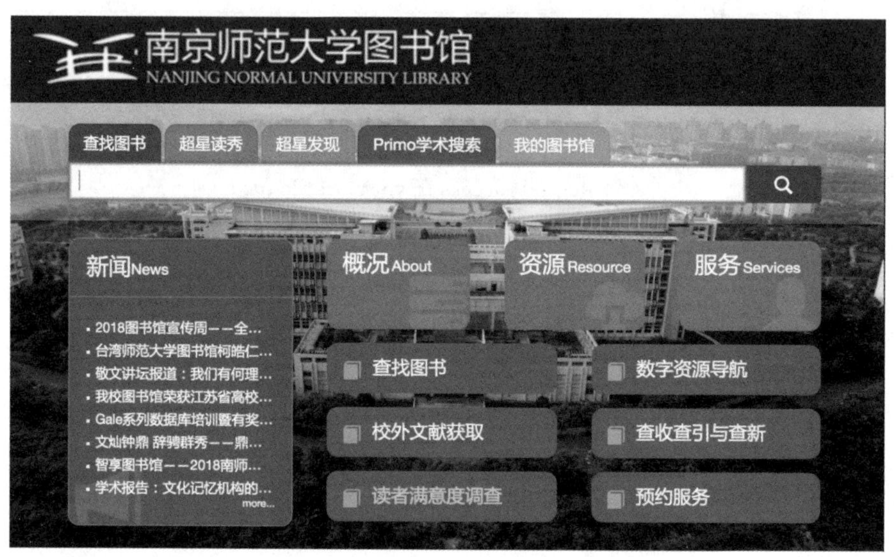

图2-12　南京师范大学图书馆的主页面示例

3. 搜索引擎

搜索引擎可帮助我们筛选网上的海量信息，常见的学术搜索引擎有百度学术等。

图2-13是在百度学术中检索关键词“学前教育质量”所得结果示例。在页面的最左边，我们可以看到时间、领域、核心、获取方式、关键词、类型、作者、期刊、机构，这些检索条件可以帮助我们进一步界定搜索范围，让资料更聚焦，让资料检索更加快速有效。如图2-13所示，当输入关键词“学前教育质量”而未界定任何搜索范围时，我们得到了33 700条搜索结果；如进一步界定时间为“2016年以来”，领域为“教育学”，类型为“期刊”，则搜索结果缩小为2 070条（检索时间为2018年11月）。绝大多数搜索引擎都有高级检索功能，我们可以人为设定多个关键词。

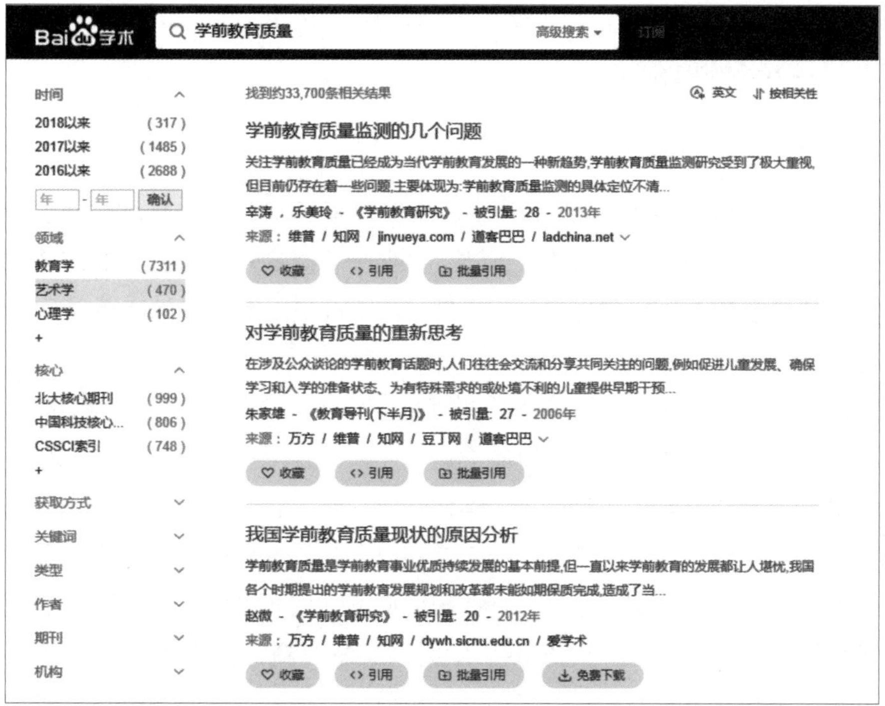

图 2-13　百度学术检索示例

（二）文献检索的注意事项

我们在检索文献资料时，有一些值得注意的事项。

尽量查阅第一手文献资料。所谓第一手文献资料也称一次文献，是指以作者本人的实践为依据而创作的原始文献，是直接记录事件经过、研究成果、新知识、新技术的文献。[①]

文献检索可采用倒查法，即时间由近及远、资料从新到旧。此方法可以快速有效地检索近期文献，掌握最新的研究动态。

以文末参考文献为线索进行追溯检索可以扩大信息源，这种方式像滚雪球一样，依据文献间的引用关系能获得更多的参考文献。

为保证文献资料的全面性和代表性，研究者可以多途径检索，如按照学科类别、内容主题、作者及所属机构、特定期刊类别等进行检索。

① 裴娣娜.教育研究方法导论［M］.合肥：安徽教育出版社，1995：91-92.

为了开阔研究思路、借鉴新的研究方法，我们也可以尝试查阅与研究主题相关的跨学科或交叉学科的文献。

三、什么是文献综述

文献综述是对某一主题的大量分散、重复甚至相互矛盾的文献资料进行提炼、综合、归纳，然后进行比较、分析、评述，并提出展望的一种写作文体。它是对以往研究的优缺点、贡献以及历史进程的审视性分析与评论。综述应包括综合提炼和分析评论双重内涵。

文献综述具有综合性、评述性和先进性三个特点。综合性指文献综述要纵横交错，不仅有研究主题按时间发展的纵向论述，还有不同学者、不同研究派别、不同地区和国家对主题相关问题的横向论述。评述性指文献综述要全面、深入地论述课题相关内容，并进行比较、分析、评述，作者要有自己的立场和观点。先进性是指研究者要搜集最新的资料，了解研究前沿，把握研究动向，因而参考文献多为期刊类。

在撰写文献综述前，我们首先要广泛阅读文献资料，在梳理、筛选后研读有代表性的资料，抓住主要观点和结论，再进一步分析、综合，写出各级的大小标题，将观点相同的资料归为一类。其次要根据写作提纲，撰写文献综述内容，写作时注意观点与内容的一致性。在写作过程中，作者可根据需要调整结构和补充内容。在论述观点时，作者可倾向于自己赞同的观点，但也应列出不同的观点。

写文献综述应当注意：所有用到、提到的文献资料都应和所研究的问题直接相关；要紧紧围绕研究选题对文献的各种观点进行比较分析，按照已有的提纲进行述评，不能仅仅将有关的理论和学派观点简要地汇总；评述要尽量引用第一手文献资料，防止对原作者论点的误解，尤其在评论原有研究的不足时；结语要有简要总结，表述前人为该领域研究打下的工作基础，也要简要概括前人研究存在的不足之处，从而衬托进一步研究的必要性和价值；在引用相关文献观点和内容时应注明来源，不要含糊其辞；文献综述所用的文献，应主要选自学术期刊、专著、正式发表的学术论文；所引用的文献应是本人读过的原始文献。

更多撰写文献综述的内容和案例可参见《学前教育专业毕业论文写作》（郭良菁）。

讨论3　设计研究方案——我如何开展研究

在明确选题和查阅相关文献之后，我们就要着手准备开展研究了，也就是进入设计研究方案的阶段，它主要包括明确研究对象、选择研究方法、准备研究工具、确定研究计划。

一、明确研究对象

研究对象也称为被试。我们需要根据研究目的思考：选取谁作为研究对象？是幼儿园教师、家长还是幼儿？在什么范围内选取？选取多少人？这当中涉及如何选取研究对象的问题，即抽样。抽样（sampling）指从全体中抽取部分作为研究对象，这个全体称为总体（population），被抽取出来的那一部分称为样本（sample）。

抽样的方式因研究目的和教育情境的不同有很多种，总体来说，抽样可分成随机抽样和目的抽样两种。随机抽样包括单纯随机抽样、系统抽样法、分层抽样、多级抽样等；目的抽样的具体策略有极端个案抽样、最大差异抽样、同质型抽样、典型个案抽样等。在通常情况下，量化研究多采用随机抽样，质性研究多采用目的抽样。关于抽样的具体方式可参见《学前教育调查法》（原晋霞）。

二、选择研究方法

研究方法指达到研究目的的手段和路径，选择合适的研究方法可帮助我们按正确的方向进行课题研究。每一项研究的目的不同、研究对象不同、研究问题不同，因而需要选择的研究方法也不同。

在选择研究方法时，我们需要考虑以下几个问题。

1. 研究方法是否和研究内容相匹配？

每一种方法都有其特点和适应性，在选择时我们需要考虑该研究方法能否将研究内容落到实处并有效地回答研究问题，该方法的选用和我们所想要做的研究之间是否有偏差，该方法是否适用于研究对象，等等。

2. 研究方法是否可行？

我们需要考虑研究方法在客观条件上是否切实可行，如研究工具是否可行，应用条件和环境是否完备，等等；在主观条件上是否可行，如研究人员的能力和知识储备能否支持实施该方法。此外，每一项研究都有其计划进度，研究方法的实施能否满足研究进度要求，也是我们需要考虑的一个因素。

3. 是否需要综合运用多种研究方法?

一项研究往往有多个研究问题，不同的研究问题有各自的特点和取向，在这种情形下研究者需考虑采用多种研究方法，以求更加全面地收集资料，回答研究问题。研究者还需确定在采用多种研究方法时，哪些是主要的方法，哪些是辅助的方法，多种研究方法如何协调实施、如何相辅相成。

三、准备研究工具

研究者要根据研究目的和选用的方法准备所需的研究工具，包括可能用到的设备、材料和测量工具。如在采用观察法时，我们可能需要录像、录音设备或观察记录表格；在采用调查法时，我们可能需要设计问卷。

测量工具需要研究者在查阅文献的基础上，花费时间、精力精心设计。值得注意的是，测量工具在正式使用前通常需要进行预测，即依据使用方式和使用条件在小范围、小样本中进行测试，以考察测量工具本身的可靠性和可行性，经过修订后的测量工具才能使用。

四、确定研究计划

研究计划即确定整个研究需要多长时间完成，分几个步骤，每个步骤需要多长时间；如果分工协作完成，人员分工计划、各环节任务的具体内容和时间等都需要整体计划。前期准备得越充分，计划得越周密，后期研究实施过程就会越顺利。当然，在研究过程中也可能会有一些意料之外的情况出现，研究者可及时根据实际情况调整计划，或者选用备选方案，以保证研究顺利进行。

讨论4　收集、整理和分析资料——我如何获取和利用资料

研究资料是与研究对象、研究内容相关的能够提供事实依据的各种信息。

一、收集研究资料

收集研究资料是指围绕研究目的，按照研究方案，有计划、有组织地获取研究资料和信息。收集研究资料是学前教育研究的重要环节，研究中观点的提出、现状的分析、研究结果的解释、研究结论的得出，乃至对研究结果的评价都离不开研究资料。

（一）研究资料的类型

从研究资料的性质来看，我们可以分为质性资料和量化资料两种。

质性资料一般以文字、图片、视频等形式表述，是对研究内容的定性描述，如对事件发生过程或对幼儿特征的描述等。

量化资料一般是数字型数据。如幼儿的身高、体重、自由活动时间、某特征行为出现的频数、动作发展能力测得的分数以及师幼比等。

（二）收集资料的方式

收集资料的方式主要有观察法、问卷法、访谈法、实验法、文献法及测验法。一般通过实验法和测验法收集到的资料多为量化资料；通过观察法、访谈法收集到的资料多为质性资料。上一单元对此有涉及，此处不再赘述。

（三）收集资料的注意事项

1. 收集资料的目的性与计划性

收集资料应当紧扣研究主题，紧密围绕研究目的展开，与研究主题无关的资料无需收集，否则不仅费时费力，还会使有用的信息淹没在大量无用的信息当中，适得其反。同时，收集资料要按照计划有条不紊地进行。

2. 研究资料的客观性和准确性

研究者要按照事实现象，不带主观偏见和个人喜好，客观公正、原原本本地进行资料收集工作。既要注意资料收集的规范，又要灵活处理在资料收集中遇到的各种问题。

3. 收集资料的多种途径

为了保证资料信息的全面性和真实性，研究者需考虑采用多种途径、多种方式收集资料。如关于集体教学中教师提问的研究，就可结合观察和访谈两种方式，不仅让教师谈谈自己的见解，还收集第三方——观察者视角的资料。

二、整理和分析研究资料

整理和分析研究资料是研究的关键，它对研究结果的影响非同小可。

（一）整理研究资料

在收集原始资料后，我们就需要按照一定方式对资料进行整理，使研究资料清晰有序，留待下一步分析所用。整理的过程往往包括：核对信息的准确性，汇总全部资料，对资料进行分类、挑选、重新排列组合等。因研究课题的性质和内容不同，资料整理没有统一的形式，多按照一定的逻辑规律、资料分析的要求进行。

整理研究资料要及时，其原因为：第一，在每日访谈或观察后，研究者要趁着对现场记忆还鲜活的时候整理资料，这样记录的内容较为准确，一些重要事件不会被遗漏；第二，及时整理资料有助于厘清工作思路，加深对材料的理解；第三，及时整理资料能够帮助研究者发现问题，及时调整和采取相应措施。如在转录和整理访谈时，研究者可能会发现这次访谈的问题并为下一次访谈进行调整和改进，而不是在所有访谈结束后才发现问题。

（二）分析研究资料

1. 质性分析

质性分析的目的是揭示事物的内在特征，它需要对资料进行再归类和再分析。

质性资料的归类方式并不是唯一的，它在很大程度上取决于研究者本身，受到研究者本人所持理论假设的影响。这就好比我们想将一张堆满了各种书、文件、文具用品、水杯等物品的书桌面收拾整齐，如果我们请几个人分别来收拾，你极有可能发现有的人按物品用途整理，有的人按形状大小摆放物品，有的人按照物品常用和不常用的顺序排列，但最后都将桌面收拾整齐了。资料归类可以有不同的、灵活的方式，但都必须遵守一个重要原则，即结合研究目的的需要和资料本身的特点来选择。[①]

质性分析往往是一个将整体打散、重组、再整合的过程，常用的方式有类属分析和情境分析。类属分析是将具有相同属性的资料归入同一类别，并以一定的概念命名的分析方法。类属分析的基础是比较，通过同类比较、异类比较、横向比较、纵向比较等多种比较方式鉴别事物异同、建立类属。在比较的基础上，再识别类属之间的关系，如因果关系、时间关系、平行关系、包含关系等。情境分析是将资料置于研究现象所处的自然情境之中，按照故事发生的时序对有关事件和人物进行描述的一种分析方法。[②]情境分析通常强调对事物整体的把握和动态的呈现，可以采用访谈片段、个案、观察事件、故事等方式进行。例如，一项研究的目的是了解不同幼儿园教师对家园沟通胜任力的理解，收集资料的主要方式是访谈，那么资料的归类可采用类属分析，即对不同教师的观点加以归类。又如，一项研究的目的是了解教师家园沟通胜任力发展的过程与方式，那么收集资料的主要方式可能包括观察、访谈等，若资料具有动态性，则可以考虑用情境分析。

2. 量化分析

量化分析是对数据资料的分析，一般包括描述性统计和推论统计两类。描述性统计是指在对大量分散、零乱的数据进行整理和概括后，将数据的分布特征清晰、简明地呈现出来。常用的描述统计量有平均数、中位数、众数、方差、标准差等。推论统计是借助于样本所获得的数据，依据概率理论对总体分布特征作出推断和估计的一种统计方法，包括总体参数估计和假设检验两种。假设检验可用来对数据的正态性、相关性、平均数、方差等进行显著性检验，常用的统计方式有t检验、F检验、χ^2检验等。

讨论5　研究成果的表达——如何向别人呈现我的研究

学前教育研究成果的表达是整个研究过程的最后一个环节，通常采用文字形式。

---

① 陈向明. 质的研究方法与社会科学研究［M］. 北京：教育科学出版社，2000：289

② 陈向明. 质的研究方法与社会科学研究［M］. 北京：教育科学出版社，2000：292.

一、学前教育研究成果表达的意义

学前教育研究成果表达的意义主要包括两个方面。第一，总结和深化研究工作，提升研究者的研究能力。在撰写研究成果的过程中，研究者通过梳理研究过程、整理研究结果、阐述研究结论和意义，加深了对研究本身的理解，也展现自己的研究水平。第二，推广和交流研究成果。将研究成果表达出来可以在更大范围内推广、交流，使之产生社会效益，同时该研究结果也要接受社会评价和鉴定。

二、学前教育研究成果表达的要求

在表达研究成果时，为了更好地展现研究成果、与他人进行交流，我们需要注意一定的表达规范和要求。

1. 客观准确

研究成果内容表述客观和准确应是科学表达研究成果的首要要求。研究结论有论据支持，研究解释能体现严谨的逻辑，研究过程和结果真实可靠、有理有据。

2. 规范严谨

虽说研究成果的表达可以丰富多样，但为了更好地呈现和交流研究结果，整体行文应符合一定的规范，应做到用语规范、专业，格式统一。

3. 简明易读

研究成果的表达不仅是研究者对结果的梳理和总结，也是与他人交流的一种形式，因而要简明易读，用清楚、简洁的语句表达含义，主次分明，具备一定的可读性。

关于学前教育研究成果——论文的表达要求，可详见《学前教育专业毕业论文写作》（郭良菁）。

三、研究论文的基本结构

研究论文的基本结构主要包括三个部分——前置部分、主体部分、结尾部分。前置部分有：封面、摘要、关键词；主体部分有：选题缘由（introduction/

background）、文献综述（literature review）、研究方法（methods）、研究结果（results）、讨论与分析（discussion）、研究结论（conclusion）、参考文献（references）；结尾部分：附录、后记。有关内容可参见《学前教育专业毕业论文写作》（郭良菁）。

论文结构示例

延伸阅读

1. 时俊卿. 课题研究步骤的确定［J］. 教育科学研究，2010（7）：76-78.

2. 陈向明. 质的研究方法与社会科学研究［M］. 北京：教育科学出版社，2000.可重点阅读第十八章到第二十章关于质性资料的整理和分析内容。

3. 吴明隆. 问卷统计分析实务：SPSS操作与应用［M］. 重庆：重庆大学出版社，2010.可重点阅读第四章的描述性统计量部分，第九章的卡方检验部分，第十章的积差相关和方差分析部分。

单元3　感知儿童的世界：聚焦观察法

学习目标

理解什么是观察法及其特点。

掌握常用的观察法的类型。

掌握实施观察法的一般步骤。

学习提示

本单元在详细介绍新近研究案例的基础上，讨论观察法的含义、特点、优缺点、类型及实施的一般过程，我们在学习过程中可结合案例思考并理解观察法的运用。关于观察法的内容在本单元仅是引入，更加详细的内容可参考本系列丛书中的《学前教育观察法》(邱学青)。

案例　幼儿对室内游戏空间的探索[①]

探索是幼儿发展的必要条件，能够刺激和激发幼儿新的、复杂的机能，能够让幼儿学会在情境中解决问题，还能够了解动作与结果的因果联系，促进幼儿的逻辑

① 资料来源：VAN LIEMPD H M J A，OUDGENOEG-PAZ O，FUKKINK R G，et al. Young children's exploration of the indoor playroom space in center-based childcare［J］. Early Childhood Research Quarterly，2018，43（2）：33–41.

认知发展。探索物体的空间关系属性。例如堆叠物体或将物体放入容器中，不仅可以帮助幼儿把握空间关系，还可以为其获取空间语言奠定基础。同样，探索物体属性能为幼儿提供学习形状、大小、顺序和数量等基本数学概念的机会。对物体的探索也会促进幼儿的动作发展，例如抓握和操控物体能促进幼儿手部技能的发展和对身体控制的准确度。总之，幼儿的探索性游戏可能对人在儿童期乃至青春期的认知功能产生长远的影响。已有研究着重了解幼儿在探索行为中对游戏物件的使用、探索行为的种类。一些研究发现，幼儿探索和使用三维物体的方式与运动能力（如爬或坐）相关。

一、研究背景及理论依据

“探索”通常被定义为目标导向的活动，探索的目标是了解对象或环境，探索的同时幼儿也在学习如何与该对象或环境进行互动。有关幼儿空间探索的研究主要在实验室和家庭环境中进行。最近对幼儿探索的研究表明，探索通常始于自发动作，而这种自发动作往往会伴有噪声或物体位移等，如此一来，幼儿最初巧合地获取了经验。接着幼儿进入到下一个发展阶段，即为了达到某种目的或获得某项技能而进行运动和认知协调。有研究表明，一旦孩子能够独立移动（如爬或走），他就能够以新的方式感知环境，并通过移动物体、从一个地方走到另一个地方、操控环境的空间布局等方式来探索环境；还有研究表明，幼儿探索环境的方式与环境的特征之间存在联系，例如，将幼儿放在柔软床垫上会延迟他的运动开始时间。因而探索的可能性不只取决于孩子的探索能力，还取决于物理环境的特征。迄今为止，仅有少量研究探讨了幼儿在保育中心（早期育儿中心）里的探索行为与环境空间特征之间的关系。 在这些研究中，“探索”被定义为了解物体、人或空间的一种游戏行为；“活动区域”被定义为用特定材料划分出的环境空间，如艺术手工区、戏剧区或建构区。

该研究以生态光学理论为理论依据，该理论框架的核心是适宜度（affordance），也称作“可知度”，指物体可供个体采取行动的可能性，例如，平坦、开阔的平地会让刚学会行走的婴儿感知为具有行走的适宜度。适宜度一方面取决于环境的特征，另一方面取决于个体的发展水平和经验。为了促进幼儿的发展，需要给幼儿提供多样的环境，以匹配适应幼儿快速发展的能力。据研究者论述，目前只有一项研究使用了“适宜度”来了解早期育儿中心内儿童的探索行为。

生态光学理论

二、研究目的

幼儿常常通过探索来发现周围的世界，通过这样的方式，幼儿能获取有关环境的信息。然而，目前关注早期育儿中心内物理环境对幼儿发展影响的研究很少。在此情形下，该研究以探索性游戏为切入点，着重了解早期育儿中心内1—4岁的混龄班幼儿在探索性游戏中探索游戏室空间的情况。研究者分析了游戏室内物理空间布局和环境中特定组成部分对幼儿探索深度和广度的影响。

三、研究方法

为了解1—4岁混龄班幼儿对室内游戏空间的探索情况，该研究观察了幼儿对指定区域、特殊家具以及其他室内物件的探索及这些环境对幼儿的适宜度。

1. 研究对象

研究对象来自荷兰10所早期育儿中心，共61名幼儿，其中30名女孩，31名男孩。因为研究的重点是空间的探索，所以只有能够独立移动的幼儿才被作为研究对象。各小组幼儿8~11人。每个小组的研究者观察5~7名目标幼儿。被观察幼儿的平均年龄是29个月，每个小组还必须包括18个月以下且能够独立移动的幼儿，以确保样本幼儿处在不同的年龄段。为了避免组内成分变化的干扰，小组幼儿在同一混龄组至少相处了6个月。研究者获得了54名幼儿父母的知情同意书；余下的幼儿在观察期间被另一组教师暂时照顾或保持在视线之外。

2. 研究工具

研究人员编写了观察工具——《儿童保育室室内设计的空间适宜度》(*Spatial Affordances in Childcare Interior Design*，简称SACID)，该工具对儿童使用的室内物体和游戏室空间进行了详细的编码。该工具是基于两个对儿童空间探索行为的研究编制而成的，详细内容可阅读二维码提供的信息。该工具由两个维度组成。第一个维度是经常出现在儿童保育中心游戏室的空间物件列表。物件可以是可移动的对象（如桌子、椅子、装饰品）或固定区域（如活动区、地板、门、窗户）。第二个维度是每个物件可能的适宜度，例如“适宜攀登”或“适宜匍匐爬行”。

两个对儿童空间探索行为的研究

3. 测量与分析

研究针对观察工具SACID的使用对研究人员进行了培训，培训课程结束后，3名观察者（他们也是之后进行研究的主要观察人员）使用该工具进行预测。研究者比较了3名观察者预测数据的编码，对一些编码差异进行了讨论并最终达成一致。预测还将观察到的几个新的适宜度添加到该工具的最终版本中，例如“敲桌子”和“站在大的玩具上”。观察者对孩子使用哪个物件（如桌子、地板、椅子）、儿童基于物件采取的行动适宜度（如在椅子上攀爬、在地板上爬，坐在沙发上）进行评分。最后，计算出每个片段（10秒为一个区间）内使用的物件数量和行动适宜度。随机选取观察者40%的独立评分片段作为评分者间信度，评分者间信度在0.70至0.99之间，平均值为0.88，总体令人满意。

正式观察在上午幼儿自由游戏时间进行，每次观察相隔1~2周。每次观察分别录制60分钟的录像。每次开始录像后，前10分钟先让幼儿熟悉观察人员和摄像机。在每轮观察中，每名目标幼儿都进行了至少连续5分钟的游戏。这样，研究者对每名幼儿共进行了4次观察，每名幼儿的被观察时间至少有20分钟。有些幼儿在第2次数据收集时缺席，因而每所早期育儿中心又招募了新的幼儿以保证足够的数据。在删除一些中断的录像片段（如因为尿布、离开房间）和不符合研究目的的片段（如幼儿转去参与由教师主导的教学活动）后，一共有216条录像片段被用作研究分析，平均每名幼儿录像时间为17.5分钟。

视频将每5分钟的片段以10秒为一个区间进行编码。在确定每个区间后，研究者将录像暂停，以输入该区间内空间物件及其适宜度的编码。如果在一个区间内，幼儿在不同物件之间变换，如从桌子边到了活动区，或出现了不同的适宜度，那么以该区间内出现频率最高的物件或适宜度为准。如果两个物件同时被使用，如桌子和椅子，那么只记录与目前活动最相关的物件。例如，孩子在椅子边晃悠而没有其他事情时，那么椅子将被编码进去；孩子坐在桌边的椅子上，但实际在忙于桌子上的事务（如读书），那么桌子将被编码。

在第一次观察之前，研究者会拿到游戏室的布局图，并据此绘制出一张带坐标的网格布局图，以便在观察期间能够记录孩子的确切位置。带有空间成分的物件，如桌子、橱柜、活动区，都已绘制在布局图上了。研究者会要求教师在两次观察期间不要做任何大的改变，因为幼儿在游戏期间花费大部分时间所在的位置和使用的物件都需要根据网格布局图编码。此外，对游戏室总体质量的评估主要根据空间布局、可用面积数、家具适宜度、活动区设置等进行。最后，教师还要填写一份关于幼儿基本情况的问卷，问卷包含孩子的年龄、入学年龄和孩子每周固定来早期育儿中心的天数，以及被评估幼儿特征的结构化内容，如任务取向等信息。

为了解探索空间的质量、广度和深度，研究者分析了216条5分钟的视频片段，每个片段包括30个区间，每个区间10秒。参考之前的研究，探索的广度被定义为在每个5分钟片段内幼儿使用一个物件所产生的适宜度的种类、数量；探索的深度被定义为在该片段内每种适宜度出现在区间的平均数。例如，在一个5分钟片段内，幼儿在第10个时间区间内使用了桌子，出现了2种适宜度（如攀爬和坐），在第20个时间区间内用到了地板，出现了3种适宜度（如爬、站、跑），那么探索的广度对桌子而言是2，对地板是3，探索的深度对桌子而言是5，对地板而言约为6.7。最后，适宜度数量、探索的广度和深度，会针对每一个组件进行计算。

幼儿学习环境评量表

此外，10所早期育儿中心的游戏室空间采用了《幼儿学习环境评量表》和《婴儿学习环境评量表》进行评估。

四、研究结果

该研究采用了深入细致的观察方法研究幼儿游戏室空间探索情况，结果表明早期育儿中心游戏室的物理空间特征和幼儿空间探索之间存在紧密关系。幼儿空间探索活动需要精心设计的空间布局与物件支持，而幼儿空间探索的广度则需要更加开放和没有过多设计的空间。

研究表明幼儿空间探索的程度和桌椅的设计摆放及区域活动中心的使用呈紧密正相关，更多的深入探索活动发生在区隔明显、精心布置的游戏室。空间探索的程度受任务导向性和年龄的影响，而任务导向性的影响比年龄的影响更大。有序的游戏室内布局和空间物件摆放有助于刺激幼儿的探索行为，从而促进幼儿的发展。

在自由游戏时，幼儿对游戏室中地板、区域活动中心和桌子的使用频率最高。地板是最常用的物件，适用于过渡环节和人员移动，同时也适用于玩玩具、体育游戏等活动，是支持幼儿空间探索动作多样性最高的物件。这表明充足开阔的地板空间是游戏室重要的空间物件，教师不能只提供一个个区角。因而，对于能够爬行或行走的幼儿，教师要整体考虑游戏室的空间布局，精心设计区域活动中心，选择适合幼儿身高的桌椅和开阔的地板空间，以刺激幼儿对空间的深入探索。

案例导学

1. 请结合案例谈一谈观察法有哪些特点。
2. 该案例所使用的观察法属于哪一种类型的观察法？你是如何判断的？
3. 请梳理案例中的研究过程，并指出观察研究的实施步骤有哪些。

讨论 观 察 法

观察法是一种简便易行且能获得可靠资料的常用方法。由于幼儿身心发展水平还较低，言语理解与表达能力十分有限，所以我们无法用文字测验和书面调查来获取他们的有关资料。另外，儿童不容易受观察者在场的干扰，不会掩饰自己的行为，观察的结果比较真实，因此，很多著名的教育家、心理学家如裴斯泰洛奇、蒙台梭利、皮亚杰、苏霍姆林斯基、陈鹤琴等都曾用观察法研究儿童，并为我们积累了丰富的儿童发展知识。观察法也是教育研究最基本、最普遍的方法，在目前学前教育研究中也起着非常重要的作用。本系列丛书中的《学前教育观察法》（邱学青）将对观察研究法展开详细的介绍和案例解析。本节只从总体上讨论观察法的含义、特点与优缺点、类型及实施。

一、什么是观察法

观察，顾名思义，“观”即看，“察”即审查、思考，它是人们日常生活和科学研究都会用到的方式。观察研究是研究者根据一定的研究目的，在自然条件下，对研究对象进行有目的、有计划的观察、记录和分析，从而获取事实材料的一种研究方法。定义中的“自然条件”指观察对象处于常态，没有受到外界人为因素的控制，呈现真实情境下的自然表现。“有目的、有计划”指观察什么、怎么观察、何时何地观察、观察资料如何处理等环节都是事先计划好的。

二、观察法的特点与优缺点

观察法是学前教育研究常用的一种方法，它的特点主要有以下几个方面。

1. 直接性

研究者进入观察现场，直接、准确地了解正在发生的现象或行为，以获得第一手生动、详细的资料。

2. 目的性和计划性

观察是根据研究需要，为解决某个问题、依据研究设计逐步展开的。

3. 客观性和真实性

观察是在自然状态下进行的，研究者对观察现象或行为不进行人为干预，这样可了解观察对象平日生活和教学活动中真实、典型的行为。同时，研究者需要用清晰、客观、明确的语言对观察进行记录，不因自己的主观意愿而改变记录内容。

观察法同其他方法一样有优点和缺点。其优点主要体现在：通过直接观察获得的资料往往现场感较强，能鲜活、生动、真实地呈现在研究者面前；观察是在自然条件下进行的，研究者可以获得观察对象典型的、常态的行为表现；操作相对简单，易于实施；能够捕捉到正在发生的现象；能够收集非言语的资料，因幼儿语言理解和表达能力有限，特别适用于对幼儿进行的研究。其缺点主要体现在：受时间限制，观察只能针对当下正在发生的行为事件；受观察者自身限制，观察者的生理感知能力和认知能力都会影响观察结果，观察记录带有一定的主观性；受观察对象的限制，有些隐秘行为不易被观察到；受人力、物力、财力等方面的限制，观察法通常适用范围较小，样本量不大。

三、观察法的类型

下面介绍几种常见的观察法分类。

1. 参与观察与非参与观察

根据观察者是否参与观察对象的活动，有参与观察与非参与观察两种。

参与观察指观察者参与观察对象的活动，既作为观察者，又作为参与者来进行观察。参与观察一般是非结构化观察，是实地研究的一种主要方法，也是田野研究最常使用的一种方法。参与观察能帮助研究者获得关于观察对象的较丰富、较真实的资料。

非参与观察是指观察者置身于观察对象之外，以局外人的身份对观察对象进行观察。非参与观察最理想的状态是观察对象没有感到观察者的存在或意识到自己被观察。非参与观察经常用于研究儿童的行为，这种观察方法能避免观察者对观察对象正常活动的干扰，从而能保证研究资料的客观性和真实性。

2. 直接观察和间接观察

根据是否通过中介物进行观察，观察可分为直接观察和间接观察。直接观察不借助于仪器；而间接观察则是利用仪器或技术手段如录音、录像等为中介，间接地对观察对象进行观察，从而获取资料。

直接观察的优点是观察者能身临其境，感受真切、直观、具体，有助于观察者形成对观察对象的整体认识，适合一线教师应用。但人的感官具有一定的局限性，视野与精力有限，记录难以精确、全面，不能完整地保存被观察的行为或现象，难以再现原始情境。与直接观察相比，间接观察则能将现场情境尽可能地保留下来，可供日后重复观测和反复分析使用。因此，直接观察者常常需要以间接观察作为辅助手段，利用现代化的影音设备，使观察更精确、更全面。

3. 结构性观察与非结构性观察

根据观察是否有严格的设计，观察可分为结构性观察与非结构性观察。

结构性观察指观察者严格地界定研究问题和观察的各个项目，依据观察计划进行观察，并采用标准化的工具记录观察内容，其观察结果一般适合进行量化分析。结构性观察一般是非参与观察，多用于科研中。

非结构性观察指对研究问题和观察的项目不进行严格的界定，对观察的结果也不采用标准化记录的观察。非结构性观察比较灵活，一般是依据事件发生、发展和变化进行的自然观察，结果往往难以量化处理，常用于日常教学。

4. 描述性观察、取样观察与评定观察

根据对观察行为的选择控制程度不同以及记录方式的不同，观察可分为描述性观察、取样观察与评定观察。

描述性观察也称叙述性观察。随着行为或事件的发生，观察者自然地将发生过程记录下来，然后对获得的资料加以分类，进行分析研究。[①]描述性观察包括日记描述法、轶事记录法、实况详录法三种。

取样观察结构性和计划性较强，技术手段要求也相对较高，通常在科研中使用较多，是一种比较系统、严格的方法。研究者一般需要对概念给出较严谨的操作定义，采用较系统的方式记录观察结果；在正式观察前，要预先训练观察者，如有多位

① 张燕，邢利娅.学前教育科学研究方法［M］. 2版. 北京：北京师范大学出版社，2014：60.

观察者，还需检验观察者间信度等。取样观察又可以分为两种：时间取样观察法和事件取样观察法。本单元“幼儿对室内游戏空间的探索”的研究采用的就是时间取样观察法。

评定观察是观察者在观察的基础上，依据一定的标准对行为或事件做出判断的方法。评定观察包括两种类型：清单法与等级评定法。清单法主要对行为或事件出现与否作出判断，资料呈现往往是“是否”“有无”的类型。等级评定法是对行为或事件出现的程度进行评估，资料呈现往往是等级式的类型。

在《学前教育观察法》（邱学青）一书中，我们将主要沿用这一分类方式，对描述性观察、取样观察与评定观察三种方法加以详细介绍。

四、如何进行观察

1. 明确观察目标

在进行观察之前，确定观察的目标很重要，它往往由研究问题决定。研究问题明确了之后观察的方向、内容和方法。我们首先需要对核心概念进行操作性定义、对观察的行为或事件进行详细具体的描述，这样才有助于把握研究问题，顺利进行研究。

观察的操作性定义

2. 做好观察准备

一是制订观察计划。观察计划是对观察研究的总体规划，对指导课题研究顺利开展有着极为重要的意义。对于每次具体的观察来说，观察者还需要设计更为详细的观察提纲。观察提纲是对观察计划的具体化、细化。在一般情况下，观察提纲在遵循观察目标与观察计划的基本要求下，还需要考虑：观察谁（who）？观察什么（what）？在何时（when）观察？在何地（where）观察？如何（how）观察？为什么（why）要这样观察？

二是选择观察方法。除了观察提纲外，研究者需根据研究目的、观察对象活动的特点以及观察者已具备的条件等因素，选择一种合适的观察方法。如研究幼儿在自由活动中的告状行为，则可考虑采用事件取样观察法。

三是培训观察者。观察法具有直接性，其资料依靠观察者直接观察获得，观察者对资料记录的客观性和准确性会对研究产生很大的影响，因而在研究正式开始前往往需要对观察者进行培训。培训帮助观察者了解研究目的、内容、方式、对象等基本信息，熟悉观察场景、观察内容、操作性定义、操作环节等内容。培训可采用录像带学习或实地观察练习等方式进行。

3. 进行现场观察

规范地进行现场观察是极为关键的一个环节。

在进入观察现场时，观察者首先要找到一个合适的位置进行观察。有些观察者会选择一个不容易被幼儿注意到的位置进行观察，有些观察者则先给一些时间让幼儿熟悉自己，之后再进行观察。如，本单元开头案例中的研究者在早期育儿中心的两个上午都进行了30分钟的录像，而每次录像最开始的10分钟都用于幼儿熟悉观察者和摄像机。

观察记录应尽量客观和真实，避免出现观察者的主观语言。观察记录主要有两种形式：质性观察记录和量化观察记录。质性观察记录以文字的形式呈现观察内容。量化观察记录往往需要观察者对行为或时间进行分解，并依据已有的观察量表，收集资料。这两种记录形式不是相互排斥的，而是相互补充的。在实际研究中，研究者也会综合利用它们。例如，在“幼儿对室内游戏空间的探索”研究案例中，研究者采用摄像机在现场进行了观察记录，之后再用SACID工具进行编码。

在整个观察记录中，观察者必须提醒自己幼儿容易受环境影响，应尽可能地不干预幼儿的活动，使幼儿的行为自然地、充分地发生，从而获得真实、可靠的信息。此外，由于在观察过程中可能会遭遇一些突发事件，如幼儿生病、天气变化、活动安排变化等，观察者需要灵活地处理。

4. 分析与呈现结果

根据观察资料的类型，研究者应采用不同的方式对资料进行加工，最终以书面形式呈现。如，开展幼儿对日常健康行为相关概念认知的研究，既有质性分析，也有量化分析，在此以该研究为例展示分析与呈现结果。该研究的质性分析部分是：研究者通过访谈，收集有关幼儿对日常健康行为相关概念认知“什么是卫生（如洗手、刷牙、睡觉、姿势、洗澡、锻炼、休息、按时）？”的原始资料。在反复研读原始资料的基础上，研究者利用质性研究中的编码方法，对原始资料进行整理与分析，发现：幼儿对日常健康行为相关概念的定义包括九种形式——不知道、认知不准确、原词造句、情境描述、结果描述、具体举例、直观特征、重要属性、实际功用。该研究的量化分析部分是：研究者对幼儿在九种不同定义水平上的频率分布进行卡方检验，结果显示，幼儿对“卫生”这一概念的定义水平存在极其显著的年龄差异。[①]

延伸阅读

1. 王福兰，任玮. 幼儿在园亲社会行为的观察研究［J］. 学前教育研究，2006（Z1）：57-59.

2. 孙丽丽.幼儿园班级墙面环境创设研究［D］.南京：南京师范大学，2014.

3. 代亚梅. 中大班幼儿参与游戏的策略研究［D］.南京：南京师范大学，2017.

4. 陈婕.基于CLASS评估系统的幼儿园一日活动中师幼互动特点研究［D］.沈阳：沈阳师范大学，2018.

① 陈艳. 幼儿对日常健康行为相关概念认知的研究［D］. 南京：南京师范大学，2007.

单元4　收集多方信息资料：聚焦调查法

学习目标

理解调查法的含义及特点。

掌握调查法的类型及分类依据。

掌握实施调查研究的一般步骤。

学习提示

本单元选取了一个新近研究案例以展现问卷调查和访谈调查的使用，讨论了调查法的含义、特点、类型及实施步骤，学习重点可放在实施调查研究的一般步骤上。在学习过程中可结合案例思考并理解调查法的运用，关于调查法更加详细深入的内容可参考本系列丛书中的《学前教育调查法》(原晋霞)。

案例　家长如何看待电子游戏[①]

近些年，越来越多的儿童在生活中接触电子游戏，电子游戏的数量也迅速增加。要界定“电子游戏”并不容易，通常我们将其定义为基于游戏的方式使用电子技术的游戏。

① 资料来源：ERDOGAN N I, JOHNSON J E, DONG P I, et al. Do parents prefer digital play? Examination of parental preferences and beliefs in four nations [J]. Early Childhood Education Journal, 2018 (3): 1-12.

一、研究背景

不同的学者对电子游戏的价值存在不同的观点。有些人认为儿童需要自由活动而不是与屏幕互动，技术可能对儿童的发展产生负面影响；也有些人认为电子游戏支持幼儿通过游戏学习，能促进儿童的学习和发展。许多传统游戏的特征，如认知性、探索性、戏剧性、创造性也适用于电子游戏。父母对电子游戏的重要性和适宜性的看法往往对儿童使用电子游戏的数量和质量有很大影响，因而该研究主要探索不同文化情境中父母对儿童接触电子游戏的态度。

二、研究问题

该研究的目的是探索父母对于儿童电子游戏的看法和倾向性。研究对象——父母，来自美国、土耳其、中国和韩国四个国家。研究问题主要包括以下四个：

（1）在五种游戏类型（电子游戏、体育游戏、假想游戏、建构游戏和规则游戏）中，父母倾向于支持孩子玩哪种？

（2）父母和其他家庭因素是如何影响孩子对游戏类型的倾向性的？

（3）父母是如何看待儿童电子游戏的？

（4）四个国家的父母对电子游戏的看法有何异同？

三、研究方法

为了了解父母对于儿童电子游戏的看法和倾向性，该研究综合运用了问卷调查和访谈调查。第一阶段进行问卷调查，是为了收集父母对游戏的态度和倾向性；第二阶段进行半结构访谈，是为了更深入地了解父母对电子游戏的态度。

1. 问卷调查

研究通过目的抽样的方式，从美国、土耳其、中国和韩国四个国家中选择了500名4—6岁儿童的父母。其中，来自美国的父母87人，来自土耳其的父母123人，来自中国的父母180人，来自韩国的父母110人。每个家庭中只有一位家长对问卷进行作答。在通过机构的审核和当地幼儿园的批准后，研究者将邀请信、知情同意书和问卷放在密封信封中寄给幼儿园负责人，再由幼儿园负责人转给这些家长。

研究者自编了《父母游戏倾向问卷》（*Parent Play Preference Questionnaire*）

以了解家长对儿童游戏的看法和倾向性，参见表4–1。问卷包括A、B两个部分，A部分选择题和开放题共计14个，主要考察父母个人基本信息、父母每日使用电子产品的频率和类型（有五种类型：电子游戏、体育游戏、假想游戏、建构游戏和规则游戏）；B部分包括20道题目，以两两对比的形式考察父母对游戏的倾向性，要求父母二选一，选出更倾向于让自己的孩子玩哪一种游戏活动。例如，“下列哪一个项目对孩子来说更重要？（a）玩平板电脑游戏；（b）攀爬和锻炼活动”。如果家长选中某个游戏类型的项目，则该类型得1分。

表4–1　游戏类型及问卷题项举例

游戏类型	问卷题项
电子游戏	项目1：观看YouTube、动画、歌曲和卡通漫画 项目2：玩平板电脑游戏
体育游戏	项目1：攀爬和锻炼活动 项目2：打靶子、跑步和跳跃
假想游戏	项目1：用小人偶和小动物假装 项目2：假装成虚构的人物
建构游戏	项目1：用积木搭建 项目2：用不同材料进行建构
规则游戏	项目1：玩棋盘游戏 项目2：玩连接点的纸笔游戏

研究者征询了5位早期儿童教育专家的意见，以保证问卷的内容效度。基于专家的建议，问卷A部分删去两道题目，其余题目保留，个别题目进行了语句表述上的修改。之后，研究者采用方便取样的方式抽取了20位家长，对问卷进行了预测；一周后再次对家长进行问卷调查，两次调查结果的一致性为87%，以此代表再测信度。测得问卷B部分的内部一致性（即内部信度）克隆巴赫系数为0.89。在确定最终英文版本问卷后，研究者将问卷翻译成土耳其语、中文和韩语版本。为了保障翻译的质量，研究者要求翻译人员分别用这三种语言再翻译回英文，进行内容的考察和对比，以保证每道题目与原英文版内容统一。

2. 访谈调查

此外，研究者从每个国家的样本家长中各选取了10名家长进行半结构访谈。基于问卷调查结果，研究者选取了5名在电子游戏倾向性上得分较高的家长和5名在电子游戏倾向性上得分较低的家长。在3周内，研究者采用面对面、电话、网络（电话）的方式对家长进行了访谈。访谈问题主要围绕家长对电子游戏价值的看法、对游戏倾向性的描述，以及电子游戏对孩子的意义展开。

半结构访谈有6个主要问题和3个备用追问问题。主要问题包括“游戏对你的孩子有多重要？”“您为什么喜欢或不喜欢电子游戏？”“您孩子在玩电子游戏和非电子游戏时有何不同？”等。备用的追问问题包括“能举一个例子吗？”“为什么？”“能再多描述一些吗？”。所有访谈以受访者本国语言进行，持续20分钟～40分钟，并用电子录音设备录音，非英语资料翻译成英语。

四、资料分析

待资料按以上方式收集好后，研究者按四步进行资料分析：第一，对家长游戏类型的倾向性加以计分，再计算出每个游戏类型的平均分和标准差；第二，分析家庭变量和家长游戏类型倾向性的相关性；第三，采用多元方差分析家长受教育程度和国别等因素对家长倾向性的影响；第四，对访谈资料进行编码分析。

五、研究结果

研究结果表明，四个国家的家长对电子游戏的倾向性在四类游戏中得分都是最低的。和传统游戏相比较，家长并不倾向于让孩子玩电子游戏。中国和土耳其的家长最倾向于选择建构游戏，美国和韩国的家长最倾向于选择体育游戏。

研究者进一步考量了父母对电子游戏倾向性得分和父母的受教育水平、工作状态、自身电子设备的使用情况以及儿童电子设备的使用情况、儿童平均每天的屏幕使用时间之间的关系。在中国、韩国、土耳其三国，父母受教育程度与电子游戏倾向性成反比，即父母受教育程度越高，越不倾向于让孩子玩电子游戏；在美国，这一关系无显著关联。让孩子在家中自由使用电子设备的父母更愿意让孩子玩电子游戏；父母对电子游戏倾向性得分越高，孩子每天的屏幕使用时间越长。

在考虑让孩子玩电子游戏的原因时，有的家长提到电子游戏有支持学习、积累未来所需的技能、提供娱乐等优势，同时也提出电子游戏可能带来三个问题：健康问题、内容问题和成瘾问题。

案例导学

1．调查法的特点在案例中是如何体现的？

2. 该案例属于哪种类型的调查研究？你是如何判断的？

3. 在案例中研究者是如何选取研究对象、编制研究工具、收集和分析研究资料的？在此过程中注意了哪些问题？

讨论 调 查 法

调查法最早可追溯到古代埃及和古代中国以征兵和课税为目的的人口统计。18世纪的调查多以人口普查为主要任务；从19世纪至20世纪初调查法应用的范围逐步从行政统计扩展到解决社会问题，比如，人们的生活条件、生活状况、犯罪调查等；20世纪二三十年代之后，调查法在原有基础上被应用到民意调查、市场调查之中。最早将调查法用于教育研究领域的是美国人肯德尔，1910年，他用教育调查法研究了美国波士顿地区的学校制度。①

调查法适用范围广泛，研究对象多样，收集资料相对便捷，适用情境较不受限制，因而受到教育工作者的青睐。

一、调查法的含义

调查法是运用多种方法手段，对被调查者的观点、态度、行为等方面进行有目的、有计划、系统的间接了解和考察，并对所收集到的资料进行整理和分析的一种研究方法。调查法是探究教育领域问题，研究教育活动现象和一般规律，以解决教育实践问题的有效手段。

二、调查法的特点

调查法具有间接性和广泛性。

---

① 江芳，王国英.教育研究方法［M］.上海：华东师范大学出版社，2011：137.

1. 间接性

调查法最突出的特点是间接性，也就是说研究者本人并不直接感知教育现象或问题，而是通过调查对象、访谈对象等间接了解被调查者的想法或行为。和观察法相比较，调查法可以收集那些不能通过直接观察得到的资料信息，如人们内心的想法、观念、过去发生的事件等；研究者可以不必到教育现场进行观察，不受时间和空间的限制，可以通过多种途径获得资料信息。然而，需要考虑的是，也正因为这种间接性，调查结果的真实性和客观性依赖被调查者所提供的信息，被调查者的动机、合作的态度、对问题的理解等因素也会对调查结果有较大的影响，研究者应尽量采取有效措施避免出现偏差。

2. 广泛性

调查法涉及的研究内容广泛，如儿童家长对待电子游戏的态度，社会支持与幼儿家长参与度的关系，幼儿园教师职业生活质量，学前教育资源配置状况等。调查法涉及的研究对象范围也广泛，尤其是运用问卷进行调查，较少受空间的限制，可以获得数量多、范围广的研究对象。

三、调查法的类型

调查法类型多种多样，依照不同的分类标准有不同的划分。

1. 按照调查目的划分

按照调查目的，调查法可分为现状调查、相关调查、发展变化调查、原因调查。

现状调查旨在了解学前教育中某些现象的现状和特征。如，幼儿对疾病、灾难等认知的现状，幼儿园师资队伍现状，5岁幼儿的守恒观，某地区幼儿园教师职业认同度调查等。

相关调查是通过调查两个或两个以上变量的情况，分析与考察其关系的性质与程度的一种调查研究。如，父亲陪伴与幼儿抗挫力的关系，家长职业与子女专业选择的关系，惩罚与幼儿侵犯性行为的关系等。

发展变化调查主要探讨调查对象的某些特征如何随时间的变化而发展变化。在学前教育研究中，这类研究的主要目的是了解幼儿随着年龄的增长在某些方面的发展特点和规律。如，幼儿数概念的发展，三个年龄班的师幼互动过程特征，不同年龄阶段幼儿社会交往的发展特点等。

原因调查是探寻可能原因的研究。这里需要指出的是，探究因果关系仅用调查研究是不够的，往往需要用到实验法，通过控制其他无关变量来了解两个变量之间的因果关系。但在实际情况中有时难以开展实验研究，这时就可以用比较的方法，即将具有某一特征的一组对象和不具备该特征的另一组对象进行比较，通过了解和分析各方面情况，探讨某些特征可能形成的原因，这也为进一步设计验证性实验研究提供了基础。

2. 按照研究对象的选择范围划分

按照研究对象的选择范围，调查法可分为普遍调查、抽样调查、个案调查。

普遍调查指对研究对象的全体无一例外地全部进行调查，其优点是调查资料具有全面性和准确性。但是当研究对象数量比较多时，普遍调查的工作量会变得相当大，普遍调查会耗费大量的人力、物力、财力。

抽样调查是研究者普遍采用的一种调查方式，即按照随机的原则从研究对象全体中抽取部分个体作为样本进行调查，以便能够通过样本的情况来推测全体的情况。它要求样本能够代表总体，这样既能达到研究的要求，又能减少工作量。

个案调查是专门对某一对象或某一事件进行调查的方法。由于调查范围较小，所以调查较为深入，能获得细致、深入的资料。

3. 按照调查手段划分

按照调查手段，调查法可分为问卷调查和访谈调查。

问卷调查采用书面或网络问卷的形式，将研究问题分解为一系列具体问题，通过组织调查对象填写问卷来了解事实和他们的想法。问卷调查相对不受时间、空间的限制，适用于大范围、大样本的情况调查。

访谈调查是采用口头谈话的形式，通过研究者和被访者之间的谈话交流来收集资料信息的一种方法。谈话主要围绕研究目的提出问题，被访者作答，可以是被访者的亲身经历和看法态度，也可以是被访者从自己的角度陈述所见所闻所想。访谈调查较容易获得被访者内在的想法，因而适合深入获取信息。

《学前教育调查法》（原晋霞）将会结合案例从问卷调查和访谈调查两种方法的优缺点、适用情况、设计方法、实施方法等方面详细阐述，因而本书不再具体展开。

四、调查研究的步骤

选题是进行调查研究的前提，只有确定好研究的课题，才能确保后续调查工作顺利开展。在选择研究课题时，可综合考虑研究课题的价值性、创新性和可行性，从日常生活中发现问题，从教育实践中寻找问题，从文献理论中梳理问题，从社会热点中探索问题，最终确定研究课题。在选好了研究课题后，可检索、查阅相关文献资料，进一步明确研究目的和研究的问题，明确研究意义。

调查研究各个步骤应任务明确，指向清晰，这对之后调查工作的开展起到至关重要的作用。

1. 选择调查范围和对象

选择调查范围和对象是研究得以实施的首要环节。在选择调查对象时应当考虑调查对象的代表性，即是否能反映总体人群的特征，这会影响研究结果的说服力。研究课题或问题不同、研究目的不同，采取的抽样方式也就不同。在《学前教育调查法》（原晋霞）中，我们会详细介绍抽样方法。

2. 编制调查工具

调查工具示例

调查工具主要是指调查问卷、访谈提纲或测量量表等，它是有效获得调查结论的基础。编制调查工具大体分为三步：第一，编制调查提纲；第二，根据调查提纲进一步确定每个维度所包含的具体问题，设计并编制调查问卷、访谈提纲或测量量表；第三，进行预测，以确保调查工具的信度与效度，在修改、完善后形成最终的调查工具。

3. 制订调查计划

制订调查计划是对调查工作的程序安排，主要包括确定调查的步骤、日程安排、人员组织与分工。在这个过程中，需安排好调查资料收集的各个环节，具体包括与调查对象的人员联络计划、实施调查过程的组织形式、每个时间节点的推进计划、研究组人员的分工与协作、研究经费预算等。

4. 实施调查

在前期的准备工作都完成之后，就进入了调查研究的核心阶段——实施调查。它要求研究者围绕研究目的、按照研究设计，有条不紊地对研究对象进行资料收集，推进调查研究。有时在进行调查前，研究者需要了解调查对象的背景资料和所处环境等信息，以便更加顺利、有效地开展调查，获取真实可靠的信息。

有时调查资料的收集并非一帆风顺，调查对象并不总是能够及时地反馈信息。这个时候，我们就需要跟踪未作答的调查对象，如尝试用邮件或电话联系调查对象填写问卷或补上部分信息，也可以尝试通过联络人提醒。

5. 整理分析资料

这一环节通常包括整理资料和分析资料两个部分。整理资料首先需要对收集到的资料的真实性和完整性进行检查，再按照分析需要将资料进行分类和加工，将原始资料进行系统的整理和梳理，留待进一步分析。分析资料一般分成两种情况：一类是对质性资料的分析，即对文字、图片、视频等资料加以分析，以探寻问题产生的原因，解释现象，得出结论；另一类是对量化资料的分析，即对数据进行统计分析，以探寻事物的现状、事物间的联系和事物的发展规律等。

6. 撰写调查报告

到了撰写调查报告阶段即进入调查研究的收尾工作。调查报告需对调查研究的整个过程进行描述，从选题确定、相关研究进展、调查对象选取、调查方法选用，到资料的收集与分析。同时，调查报告应对研究结果进行重点描述，并基于研究结果提出教育建议或未来的研究方向，以供他人参考和借鉴。

延伸阅读

1. 福勒.调查研究方法［M］.孙振东，龙藜，陈荟，译.2版.重庆：重庆大学出版社，2015. 请重点阅读该书第五章，了解如何把一系列问题设计成一个好的测量工具。

2. 罗仁福，赵启然，何敏，等. 贫困农村学前教育现状调查［J］. 学前教育研究，2009（1）：7-10.

3. 刘晓红，邓宇超. 城市家长对学前融合教育的接纳度［J］. 学前教育研究，2018，287（11）：29-41.

4. 龙宇. 高师院校学前教育学生专业认同的研究［D］.武汉：湖北师范大学，2016.

单元5　深入了解个体特征：聚焦个案研究

学习目标

了解什么是个案研究。

理解个案研究的特点及研究步骤。

能够完成一份个案研究设计，并能初步运用个案研究方法。

学习提示

本单元应在理解个案研究的含义和特点的基础上，领会个案研究适用的问题情境，知道在个案研究设计中如何更好地保证研究结果的真实性和可靠性，能够运用个案研究解决教育实践问题。

案例　幼儿园教师教学反思的个案研究①

随着幼儿园教师专业化进程的加快，社会对幼儿园教师的培养提出了更高的要求。《幼儿园教师专业标准（试行）》把幼儿园教师的专业标准分为专业理念与师德、专业知识、专业能力三个部分，尤其提到要以能力为重。专业能力包括环境的创设与

① 资料来源：郝少毅．幼儿教师教学反思：个案研究［J］．教师教育研究，2016，28（3）：94-101．

利用、一日生活的组织与保育、游戏活动的支持与引导、教育活动的计划与实施、激励与评价、沟通与合作、反思与发展。

一、问题提出

教学反思是教师对自己的教学行为（如教学目标、教学理念、教学方法、对学生学习产生的影响等）的认识与评价，被看作促进教师专业化发展、改善教师教学行为、提高教学有效性的重要因素。因此，该研究问题为：幼儿园教师是如何进行教学反思的？

二、研究对象

2013年11月至12月和2014年2月至3月，研究者在安阳市某幼儿园进行了为期4个月的调查。在该园教研办公室L主任的帮助与推选下，研究者选择了善于总结和反思的Z老师和S老师，D老师是在这个幼儿园进行一段时间调研后主动加入研究的教师。另外，研究者还对该园教研主任L主任以及年级负责人 J 老师进行了访谈。

三、资料收集

研究者收集了3位教师在2013年9月至12月间所写的全部教学反思笔记（共54篇）和教育随笔（每人16篇，共计48篇）。研究者对3位教师进行了共计11次深度访谈，形成了约2万字的文字材料；同时还对这3位教师的课堂教学活动进行了观察，每位教师各3次；共参与这3位教师所属教研组的教研活动2次。

研究者根据受访者的姓氏将访谈所获得的资料进行编号，以备使用。如Z老师的访谈按照日期记录为 ZF-2013-3-12，教案中的教学反思节选标注为 JA：Z-2013-3-12，观察记录的内容标注为 GC：Z-2013-3-2。收集到的所有资料均得到这3位教师的授权。

四、资料分析

资料分析的步骤如下。首先，在收集资料时，暂时搁置自身的价值判断，让资料“说话”。其次，寻找本土概念并进行编码。本土概念是在资料分析过程中出现的高频次概念，或者教师反复使用的具有其特殊意蕴的词汇，如在访谈过程中教师反复提及的“累、烦、出来”等。在对这样的“本土概念”进行深度挖掘后，研究者发现其同时隐含着幼儿园教师对劳动价值与期望不符所带来的消极情绪体验，研究者将其作为码号以备编码使用。最后，将资料编码后，依据这些概念性质对其进行归类。该研究产生了诸如个人动机、职业认同、关键事件、认知方式、情感态度、信念、领导风格、园所文化、制度环境、薪资福利、人际交往等类属，随着研究过程的展开，类属不断归整、丰富。

五、研究结果

1. 教学反思是“知行共生”的过程

教学活动本身具有个体性和不可复制性，因而教师个体的实践反思对实践性知识的获得显得尤为重要。实践性知识由于其动态的过程和发生机制决定了其对教师专业成长的作用。换句话说，如果个体内心没有触动，实践性知识没有在教学实践中获得检验、修正，那教学反思就只能停留在肤浅的层面。比如，Z老师只是提出问题而不分析解决问题；D老师无法发现问题，只凭经验去教学。

2. 在教学反思过程中“知”向“行”转化

在研究中，通过对D老师、S老师的观察，研究者发现教师个人的情绪和态度是隐藏起来的，教学反思能否真正发挥作用，不仅会受到教师动机、教师对教学反思的期待等个人因素的影响，也会受到外界因素的影响。外界因素不直接作用于教师的教学反思，通过对教师认知和行为起作用进而影响着教学反思的过程。

3. 教学反思是教师专业发展的重要策略

研究发现，反思性实践和教师专业进步发展密不可分。问题意识和问题发现是教学反思活动的重要基础，是教师专业发展的起点，如在Z老师的18篇教学反思笔记中有15次都是由“感触”引发的。此外，以探究为取向的教学反思能有效促进教师专业发展，若教学反思停留在“应然”的层面，虽然教师能够积累有效的教学经验，但不能在思想和行为上发生巨大转变。最后，教学反思应当充分发挥教师的自主性，教育改革需要教师自觉主动地参与。如从D老师的专业发展经历来看，即使幼儿园将教学反思制度化，也不能激发其工作的热情。因此，以教学反思促进教师专业发展需要自下而上的动力和热情。

案例：王小刚为什么不上学了

案例导学

1. 个案研究适合哪种类型的研究？它的优势和局限性有哪些？

2. 该案例是如何选取个案研究对象的？

3. 该案例采用了哪几种资料收集方式？在个案研究中常用的资料收集方式有哪些？

讨论　个案研究

个案研究起源于医学领域，医学界通过对个别病例的深入探讨来寻找某种疾病的病因及治疗方法，之后该方法被逐步应用在心理学、社会学、教育学等领域。在社会学领域和教育学领域应用的早期个案研究主要对某些有心理或行为问题的个体或群体进行研究。例如，对发育迟缓的儿童进行研究，对单身年轻母亲的研究等。近些年，随着质的研究方法的兴起，个案研究在学前教育领域也得到了广泛应用，其应用范围已扩展到正常的儿童、家庭、学校、社区，几乎针对所有的个体与群体都可以采用个案研究。

一、什么是个案研究

个案研究是对一个或少数个体、典型事件进行系统、深入研究的方法。它往往需要综合运用观察、调查、访谈、作品分析、测验等多种方式搜集研究对象各方面的详细资料，以对其心理发展过程和个体特点进行细致的考察，探究研究对象发展变化的过程。个案可以是一名幼儿、一位教师，也可以是一个班级、一所幼儿园，还可以是一个社区、一个团体。当个案是一个群体时，我们需要将其看作一个整体，从整体层面系统而详细地进行研究。

二、个案研究的特点

学前教育个案研究往往具有以下几个特点。

1. 研究对象具有典型性

个案研究的对象是存在于整体中的个别人物或事件，从某种程度上这一个别人物或事件反映了整体中其他个别人物或事件以至整体的特征和规律。个案研究虽然是对个别的人或组织进行的具体研究，但往往可以揭示具有普遍意义的教育规律。[①]例如，在本单元开头的案例中研究者通过对3名教师的教学反思进行深入探讨，发现教学反思在教师专业发展中的普遍性作用与意义。又如，著名儿童教育家陈鹤琴先生对儿子的成长过程进行了深入观察，用文字和摄影记录来阐明幼儿的动作、模仿、游戏、言语能力、记忆力、想象力发展等，总结归纳出许多普适性的儿童心理发展特点，并据此提出了自己的教育主张。值得注意的是，个案研究虽具有典型性，但样本量较小，资料收集和分析过程易受主观影响并且通常难以标准化。

2．研究过程具有深入性

个案研究的对象样本数量通常不多，这就能保证研究者在时间、空间、精力相对充裕的条件下对个案进行系统、深入的探究。个案研究既可以研究个案的现在，也可以研究个案的过去，还可以研究个案的未来发展。[②]

3．资料收集的方式具有多样性

个案研究收集资料的方式灵活多样，可通过实物分析、访谈、观察、档案记录等获得对研究对象全方位、多角度的深入理解，研究结果的针对性较强。例如，在案例中，研究者对安阳市某幼儿园的3位教师进行了为期4个月的深入研究，收集了3位教师的教学反思、教育随笔等资料，访谈了教研主任和年级负责人，进行了课堂观察，还一同参与了教师的教研活动，全方位地、深入地围绕3位教师开展个案研究。

三、如何做个案研究

研究问题是整个研究的核心，它与研究方法的选择、资料的分析和解释密切相关。在明确了研究问题后，如何判断研究对象是否适合采用个案研究呢？其实这并没有一个绝对的标准。比如，研究既有教育现象的原因，那么选择个案研究可能是合适的；如果想对某一教育现象进行纵深描述，那么选择个案研究也是贴切的。

1．确定个案研究对象

学前教育研究中的个案往往是学前教育活动中的人、事或现象。个案研究通过

---

① 江芳，王国英.教育研究方法［M］.上海：华东师范大学出版社，2011：216.

② 王彩凤，庄建东.学前教育研究方法［M］.北京：北京师范大学出版社，2011：164.

描述个案的特征和本质，以期为改进教育活动提供详细的资料，总结教育规律。因而研究者首先需要清晰界定研究的个案到底是什么，明确为什么选取它作为个案。

个案研究通常采用有意抽样法，即研究者按研究目的在特定的范围内选取研究对象，所选的研究对象应当具有典型性。质性研究一般使用有意抽样法，其研究结果不能像量化研究那样自然而然地推广到总体人群之中。但是，质性研究的目的不是将研究结果推广到有关人群，而是使有类似经历的人认同从而达到推广的目的。虽然案例中对三位教师的调查只是个案，可是对她们教学反思情况的深入剖析可以使很多有类似情形的人产生认同感，他们在读到这个报告的时候可以获得启迪并产生共鸣。

2. 设计研究方案

设计研究方案，包括确定研究对象的联系方式、获得相关部门的许可和支持、寻找研究资料的来源、明确收集和记录研究资料的方式、可能涉及的仪器材料、时间计划及人员分配、分析资料的方式等。

在个案研究中，研究者与研究对象接触较深入，所收集的样本数量也较有限，收集资料的过程较易受主观影响，因而在设计研究方案时需要从多方面、多角度收集资料，从而保证研究的效度。收集资料的常用策略有如下几个。

第一，多渠道收集资料，以保证资料的全面性和真实性。如，通过谈话、观察、测验等方式收集有关幼儿认知及行为的资料；收集幼儿的作品及相关文字，包括幼儿的绘画、手工制作、教师评语等；通过对教师、家长及其他相关人员的访谈、问卷调查、观察等方式了解幼儿在不同情境中的表现、心理及行为特点等。使用多种方式收集资料，能减少使用单一方式带来的片面性，以保证研究效度。

第二，不同的观察者观察同一场景或现象，可以保证从多个角度获得全面、详细的资料。不同观察者知识背景不同、个人理解不同，描述视角和解释也不尽相同，这些不同有助于研究者更加真实、全面地了解个案。

3. 收集和分析研究资料

个案研究是深入、系统地了解教育现象的研究，收集详细而丰富的资料是得出准确结论的重要保证。研究者要尽可能地按照设计的研究方案推进资料收集进程，并仔细核实材料，增强结果的可靠性。

在收集资料的过程中研究者要注意资料的深度和广度，不仅运用实地考察、观察、问卷调查、访谈、实物收集等各种手段收集与研究问题相关的资料，还要从个案本身、周围相关人员、学校或社区等处获取全面的资料。如在本单元开头的案例中研究者不仅收集了三位教师直接相关的教学反思笔记和教育随笔等资料，进行了课堂观察，参加了教研活动，也访谈了与这三位教师相关的教研主任和年级负责人，较全面地收集了资料。

在对收集来的个案资料进行分析后，大量分散的资料才能变得有意义。在分析资料时研究者首先需要按照一定的逻辑方式汇总和梳理信息，其次在比较各因素关系的基础上对教育现象作出描述和解释，最后形成一定的观点和理论。在分析资料的过程中，有四种主要策略可供参考：遵循理论假设、整合原始资料、进行案例描述、确立和检验竞争性解释。[①]第一种策略——遵循理论假设，它是指在提出理论假设后，研究者根据理论假设确定资料收集的方案，并据此从中选择合适的证据进行分析的一种策略。第二种策略——整合原始资料，它是从收集来的原始资料入手，研究者不考虑任何理论假设而进行分析的一种策略，这与第一种策略相反。研究者在分析过程中会发现一些资料指明一两个概念，进一步探索会发现其他一些概念以及概念间的关系，进而逐步深入探索相关问题和归纳资料。第三种策略——进行案例描述，它是指根据描述性框架组织案例研究，这种策略可结合前两种策略使用，也可以单独使用。也就是说，当研究者没有形成理论假设，也没有发现一些概念，使用前两种策略都有难度时，可考虑进行案例描述。第四种策略——确立和检验竞争性解释，这种策略可与前面三种策略结合使用。例如，一项研究观察到的现象是计划干预的结果，一个与之相反的竞争性解释是，除了干预外，研究结果也受到其他因素的影响。

4. 呈现研究结果

结果呈现是研究中不可缺少的一部分，个案研究报告的内容和形式虽不尽相同，但也遵循一些基本的格式。一份个案研究报告通常包括以下几个部分：第一，对研究对象的基本情况介绍；第二，对个案事件的描述，一般包括时间、人物、地点、发生环境、过程及结果等；第三，对个案事件的分析，一般包括发生原因、现象解释、理论依据以及对个案进行辅导的措施等；第四，结论与建议，即通过分析得出一般性的结论，并有针对性地提出教育建议。

---

① 殷. 案例研究：设计与方法　第5版［M］. 周海涛，史少杰，译. 重庆：重庆大学出版社，2017：161–168.

延伸阅读

1. 苍翠. 当前农民工家庭学前教育存在的问题及其政策思考［J］. 学前教育研究，2010（1）：22-26.

2. 刘梦萦.幼儿图画书审美指导策略个案研究［D］.南京：南京师范大学，2014.

3. 景萌萌."二孩"家长育儿观念的个案研究［D］.沈阳：沈阳师范大学，2019.

4. 柴林姗. 幼儿园教师课程建设能力发展的个案研究［D］.南京：南京师范大学，2017.

单元6　解决自身实践中的问题：聚焦行动研究

学习目标

了解什么是行动研究。

理解行动研究的特点及其与传统研究方法的不同。

掌握行动研究的基本步骤。

能够对一项行动研究进行较全面的评价。

学习提示

行动研究注重解决实际问题，将教育行动与研究工作紧密结合。学习者不仅要理解行动研究的内涵、特点、基本步骤，更要将行动研究作为一种反思性实践策略，积极思考在教育教学实践中碰到的问题，用行动研究帮助自己解决问题和改进教学。

案例　幼儿园综合教育研究[①]

20世纪80年代初，在我国幼儿园课程中各学科内容相互割裂，幼儿的主体地

① 资料来源：赵寄石．幼儿园综合教育十年研究的学术价值［J］．幼儿教育，1994（5）：4-6．赵寄石．幼儿园综合教育研究回顾［J］．早期教育，2003（11）：11-12．

位没有得到充分体现，幼儿园课程与现实生活的关系不够紧密。针对这种情况，赵寄石教授打破30多年幼儿园施行分科课程的惯例，大胆地提出在幼儿园开展综合教育，由此开始了我国幼儿园课程改革和发展的新时代，这进一步引领了我国幼儿园课程向回归儿童的天性、回归幼儿园课程本质、回归生活、回归过程发展。因此，赵寄石教授是改革开放以来幼儿园课程改革的重要启动者，是以儿童为中心的幼儿园课程的积极倡导者和推动者。她的努力，不只是改变了幼儿园课程的结构，更重要的是改变了幼儿园课程设计和实施的理念。①

赵寄石资料

一、问题提出

在我国全面学习苏联时期，幼儿园教育加强了目的性、计划性，同时采取了分科教学的形式。通过多年实践，我国幼儿园教育有了适合国情的幼儿园教育纲要，并分成六个科目进行教学。

20世纪70年代末，为了满足被十年动乱严重破坏的幼儿园教育重新建设的需要，研究人员分科目、分专题研究了教材内容和教学方法，取得了一定成果。这对当时许多幼儿园恢复正常教学秩序起了促进作用。

80年代初，赵寄石教授在教育实践中发现了以下问题。第一，多年来的分科目教学和研究，使各科教学有了系统性。但是，我们对各科之间的关系和联系仍缺乏研究，对幼儿园教育内容和过程还缺乏整体性的思考。第二，由于分科目教学和研究的重点放在教材、教法上，教学又一贯地被理解为上课，因而上课被当作幼儿园的主要活动，其他活动的教育作用很少得到研究和发挥。第三，由于各学科教学对教师“怎样教”考虑得多，对幼儿“怎样学”“效果怎样”考虑得少，所以幼儿的积极性未得到充分发挥；由于幼儿园教学重上课，强调集体教育，忽略个别教育，所以幼儿发展不平衡的现象未受到重视。因而，面向全体幼儿，使他们得到全面发展的教育任务难以落实。

针对上述情况，赵寄石教授大胆提出在幼儿园开展综合教育研究，该研究的课题和研究方法根据改革的需要而确定，研究的成果又进一步推动幼儿园教育改革。可是，综合教育研究究竟怎样开展呢？当时这在国内尚无研究先例。于是，南京

① 虞永平．赵寄石的幼儿园课程研究［J］．早期教育：教师版，2010（9）：5-7.

师范大学同南京市实验幼儿园一起选用行动研究方法来进行幼儿园综合教育研究。

二、研究过程

行动研究的优点之一是允许研究者在研究过程中随着对问题认识的变化而改变研究计划。随着实践的发展，行动研究能帮助研究者从表面问题入手，逐渐转移到实质问题上，从而使研究得以深化。

首先，当初确立该课题是想解决分科目教学中各学科之间的重复、脱节、矛盾等问题，然而当研究者深入剖析实践中的教育、教学活动和过程时，又发现根本问题在于教师着重考虑“教什么”和“怎样教”，忽视了幼儿的发展现状、需要及学习规律。因此，要合理地组织教育教学，教师首先必须明确幼儿在学习中的主体地位，明确教师对于促进幼儿发展、引导幼儿学习所应该发挥的作用。这便使该研究确定了更新教育观念这个根本问题。

其次，研究者从研究实践问题入手，把理论向实践转化的技术作为探索重点。长期以来，我国幼儿园师资队伍形成了好学上进、勤于实践的优良风尚，这是我国幼儿园教育发展的动力。然而，幼儿园教师缺乏主见、不善于思考的弱点也很明显，这导致他们难以积累丰富的教学经验，建立清晰的思想体系。在探索的过程中，研究者逐渐意识到必须建立一种将理论转化为实践的技术，使参与行动研究的理论工作者和实践工作者能发挥各自的优势，相互促进，共同发展。

最后，要进行综合教育，使教育发挥整体功能，幼儿园教师必须厘清构成整体的各要素及其相互关系和相互作用。然而，幼儿园教师对幼儿园教育的整体结构缺乏研究，对幼儿园教育的任务、内容、手段等各种因素之间的相互关系也不明确，因此他们缺乏驾驭幼儿园教育整体的观念和能力。从学前教育研究为实践服务的观点出发，该研究第一阶段确定了幼儿园教育结构这一研究课题。①

三、研究结果

幼儿园综合教育研究在观念、结构等多方面实现了扬弃、创新和突破。这里介绍如下三个方面。②

---

① 赵寄石. 幼儿园综合教育结构的探讨［J］. 幼儿教育，1986（12）：4-5.

② 虞永平. 赵寄石的幼儿园课程研究［J］. 早期教育：教师版，2010（9）：5-7.

1. 教师和幼儿关系的再构

赵寄石教授从20世纪70年代末就开始强调要改变教育的立场，重新思考教师的立足点。她指出，从只考虑“老师怎样教”转到先研究“孩子怎样学”，再考虑“老师怎样教”，这是教育观点的转变，是提高教育质量的关键。

2. 幼儿园课程结构的再构

赵寄石教授认为，研究一个系统要抓住三个要点：第一，系统是指整体，不是各部分相加之和；第二，系统的各要素之间不仅有联系，还相互发生作用，这种联系不是固定的、静止的，而是发展的、运动的；第三，各个系统有它自己的特征，这种特征来自各要素之间的特殊联系及其相互作用。

在深入实践开展研究的基础上，赵寄石教授提出，幼儿园教育结构包括表层结构和深层结构两个层次。表层结构的各个要素是有形的，深层结构是无形的，深层结构决定着表层结构各要素之间的各种关系，因此深层结构是表层结构的基础，即基本的教育思想体系。

赵寄石教授秉持开放的课程观。她指出，幼儿园教育应该有多种模式，这些模式应建立在各种不同的理论基础上，以达到为培养人才打基础的目标。

3. 幼儿园课程资源的再构

在幼儿园综合教育研究的过程中，赵寄石教授特别强调教师要摆脱对书本知识的过度依赖，要关注幼儿的现实生活，要从幼儿周围的自然、社会环境中寻找活生生的教育资源，充分利用动物、植物、天气、地形、风俗等有利条件，开展相应的教育活动。赵寄石教授在城市和农村分别开展了幼儿园综合教育课程的研究，研究的重要内容之一就是发现、挖掘和利用生活中的课程资源。

四、行动研究的应用

这一课题采用行动研究的方法，研究主力逐渐从理论工作者向实践工作者转移，从而形成了幼儿园自我发展的机制。这种自我发展机制是在探索过程中发现的，经历了一个从无意实践到有意培养的发展过程。进入第二阶段，由于课题组内的理论工作者难以继续探索，幼儿园教育实践工作者必须承担起全部研究任务，班上的教师成了研究的主要力量。正是通过这样的实践，广大教师更新了观念，提高了课程设计的能力。当客观实践需要新的研究课题时，该课题就被纳入已有的课程结构中，不再与其他课

两篇行动研究案例

题分散进行，课程内容也得到了充实、发展。

由此看出，行动研究把行动与研究结合起来，具有实践性强、系统性强的特点。行动研究是在教育研究和教育实践之间架起的一座桥梁，能增进二者的相互反馈。因此，采用这种研究方法能增加研究的价值。综合教育课程数十年的研究实践也证明了这种研究方法不但灵活、切合实际，而且能对理论体系的建构发挥积极的作用。

案例导学

1. 请梳理赵寄石教授研究的过程，并指出该案例中的研究具体可分为哪些步骤。

2. 基于幼儿园综合教育研究，你认为行动研究有哪些特点？

3. 你认为行动研究的关键是什么？

讨论 行动研究

行动研究起源于1870年美国哈佛大学法学院，当时它是用来训练学生思考法律原理和原则的一种方法。1933—1945年，美国联邦政府就如何改善印第安人与非印第安人关系的问题，提出了联邦政府实际工作者与研究人员共同合作的好方法，并将这种在实际工作中实践者为解决自身面临的问题而进行的研究称为“行动研究”。

1953年，哥伦比亚大学师范学院院长考瑞在《改进学校实践的行动研究》中，第一个系统地把行动研究纳入教育研究中，并提出所有教育研究工作由应用研究的人来担任，其研究成果才有意义。经考瑞等人倡议，行动研究被引入教育研究领域，从此，行动研究迅速影响教育实践。

一、什么是行动研究

行动研究是指在自然、真实的教育环境中，以教育实践工作者为主体进行的研究，是教育实践工作者按照一定的操作程序，综合运用多种研究方法与技术，以解决教育实际问题为首要目标的一种研究方法。行动研究是一种适应小范围内教育改革的探索性的研究方法，其目的不在于建立理论、归纳规律，而是针对教育活动和教育实践中的问题，在行动研究中不断地探索、改进和解决教育实际问题。

严格来说，行动研究并不是一种研究方法，而是一种教育研究活动。行动研究将教育行动与研究工作相结合，与教育实践的具体改进行动紧密相连。

二、行动研究的特点

为行动而研究（research for action）、对行动的研究（research of action）、在行动中研究（research in action）是行动研究的基本特点，具体可从以下几个方面来理解。

1. 研究目的是解决实际的问题

行动研究的出发点是解决教育实践中的问题，而不是发展或建构理论。研究者基于实际工作情境发现问题，将它发展成为可能的研究问题，明确改进措施，系统地进行探索和验证。在行动研究中，解决问题的过程和研究的过程二者密不可分，问题的初步解决也是研究的成果。行动研究和教育实践紧密结合，教师将研究的成果运用到教育教学活动中，通过不断实践、反思、改进，推动教育教学质量的提高。

2. 研究主体是实践者

行动研究的主体是实践者，它要求教师参与研究，将行动与研究融为一体，专家学者作为协助者参与研究，提供意见，开展咨询服务。在传统的研究中，研究者只负责研究，实践者只负责具体工作和执行计划，而行动研究是让实践者对自己的实践进行研究，并且将结论应用于实践中，是一种实践与研究紧密结合、应用性很强的研究方法。

3. 研究环境是实际工作情境

行动研究的研究问题发生在实际工作情境中，教师针对自己在教学工作中发现的问题进行研究。因而行动研究的情境具有特定性，所得研究结论往往也不宜进行普遍地推广和应用。

4. 研究具有动态性

在行动研究过程中，研究者可根据实际情况随时对研究假说、研究重心、研究方法等进行修改，边实践、边研究、边修改，以适应不断出现的新情况。行动研究是一个不断进行研究、获得反馈、动态调整的过程。

5. 研究成果评价注重反思和改进

与其他一些研究结果的普适性不同，行动研究往往针对实际情境中的问题而展开，因此实际问题改善得越好，实践者的反思和改进越大，行动研究的价值也就越大。

三、行动研究的步骤

行动研究倡导实践者通过研究对实际工作做出改进，因研究主旨不同、实际情境不同等，行动研究按照某种统一的研究模式进行是没有意义的，也是很难实现的。早期对行动研究的论述大多提出了一些可操作化的步骤，而后期的论述更多强调行动研究作为一种研究模式所应具备的某些基本思想。人们普遍认同的是，行动研究是一种螺旋式的发展过程。

人们对行动研究的步骤有多种不同的看法：行动研究的关键过程可以用“观察”“反思”“运用”三个词来表达；行动研究由许多循环组成的反省性螺旋构成，包括四个环节——计划、行动、观察、反思，然后重新计划、再行动、再观察、再反思，此种观点更强调自我反思。有学者认为在“计划”之前，应该先有对问题的“勘察”。[①]下面对行动研究的经典模式——四环节模式予以简单的介绍。

行动研究四环节模式

四环节模式比较简明地提炼了行动研究的一般步骤，它将行动研究看作螺旋式的发展过程，每一个螺旋发展圈都包括四个互相联系、互相依赖的环节：计划、行动、观察、反思。

1. 计划

计划指为改进现状确定行动蓝图，它始于解决问题的需要和设想，主要任务是明确问题、分析问题、制订计划。

2. 行动

行动指按照研究目的和计划实施行动。行动具有一定的灵活性，随着研究者对问题的不断明晰、行动过程中各种信息的及时反馈，以及其他参与者的评价和建议，研究者可在实施行动的过程中对行动进行不断的修正和调整。

3. 观察

观察指对行动者（研究者）及其行动的背景、过程、结果的全面了解和考察。观察既可以是行动者本人借助于各种有效手段对本人行动的记录观察，也可以是其他人的观察。观察也是反思、修订计划的前提条件。

---

① 袁振国.教育研究方法［M］.北京：高等教育出版社，2000：214.

4. 反思

反思是指对行动、结果及其原因的思考。它是第一个螺旋圈的终结，又是过渡到另一个螺旋圈的中介。在反思环节中，研究者需要将与制订计划、实施计划有关的各种现象加以归纳整理，对行动的全过程和结果作出判断和评价，并为下一阶段的计划修正提供意见。

延伸阅读

1. 霍莉，阿哈尔，卡斯滕.教师行动研究［M］.祝莉丽，张玲，李巧兰，译.北京：中国人民大学出版社，2015. 该书以《绿野仙踪》为线索，结合实例交代了行动研究的整体脉络。学习者可着重阅读第五部分——行动研究的设计与计划，该部分主要包括从研究问题到具体的研究计划、行动研究的设计要素等内容。

2. 洪明. 行动研究与幼儿教育［J］. 学前教育研究，2001（4）：27–29.

3. 蔡晗. 民间游戏融入幼儿园课程的行动研究［D］.长春：东北师范大学，2018.

4. 林耿芬. 基于ECERS–R测评工具的幼儿园班级学习环境创设的行动研究［D］. 南宁：广西师范大学，2017.

单元7　由假设到验证：聚焦实验法

学习目标

了解实验法的含义及特点。

了解实验法的类型。

能够进行实验研究设计。

学习提示

实验法的核心在于控制自变量，以观测自变量与因变量之间的关系。在学习过程中，学习者可在理解实验法含义的基础上，掌握确立研究假设、控制实验条件与设计实验模式、分析与验证研究结果的方法。

案例　攻击行为实验“波波玩偶”[①]

攻击行为是困扰很多国家的社会性问题，其表现形式多种多样，因而，它也是心理学领域一个最重要的研究课题之一。心理学家已提出了多种假设来解释攻击行为，比如长期暴力冲动的积累、情境因素的刺激等。

① 资料来源：BANDURA A，ROSS D，ROSS S A. Transmission of aggression through imitation of aggressive models［J］. Journal of Abnormal and Social Psychology，1961，63（3）：575-582.

有一个非常著名的心理学实验，它阐述了儿童是怎样习得攻击行为的。这项研究是阿尔伯特·班杜拉和他的助手于1961年在斯坦福大学完成的“波波玩偶”实验。[①]班杜拉被称为“社会学习理论”学派的奠基人之一。社会学习理论家认为，学习是人格发展的主要因素，并且这种学习发生在与他人的相互作用之中。比如，在你的成长过程中，父母、教师等重要人物为强化某一行为而忽视或者惩罚其他行为对你人格发展造成的影响。班杜拉认为除了直接的鼓励和惩罚之外，行为的塑造还有一种重要的方式，即简单地观察、模仿其他人的行为。

班杜拉

在开展“波波玩偶”研究之前，已有研究结果只证明了儿童很容易模仿作为榜样的成人的行为。在“波波玩偶”研究中，班杜拉还想探讨孩子是否会将这种模仿学习泛化到榜样不出现的情境中。

一、理论假设

研究者计划让儿童分别观察两名成人，一名表现出攻击行为，另一名未表现出攻击行为，随后在没有榜样出现的新情境中对儿童进行测试，以了解儿童模仿成人攻击行为的程度。依照这种实验操作，班杜拉和他的助手给出了四种假设。

（1）观察到攻击行为的儿童不论榜样是否在场，都会模仿榜样做出类似的攻击行为，而且这种行为明显不同于观察到非攻击行为或根本没有榜样的被试。

（2）观察到非攻击行为的儿童的攻击性不仅比观察到攻击行为的儿童弱，而且也明显弱于无榜样的控制组儿童。换言之，非攻击性榜样能起到抑制儿童攻击行为的作用。

（3）儿童倾向于认同父母或与自己同性别的其他成人，因此被试模仿同性榜样的行为远远超过异性榜样的行为。

（4）攻击行为是一种典型的男性行为，因此男孩比女孩更倾向于模仿攻击行为，尤其是在给被试呈现男性榜样时男孩同女孩之间有明显差异。

二、研究对象

斯坦福大学附属幼儿园的36名男孩和36名女孩作为被试参加了此项研究。他们

① 霍克. 改变心理学的40项研究［M］. 白学军，等译. 北京：人民邮电出版社，2018：96-104.

的年龄为3~6岁，平均月龄为52个月。

一位男士和一位女士作为榜样角色参加了实验；还有一位女士作为实验者参与了该研究。

研究将被试幼儿分成8个实验组和1个控制组，实验组每组6名幼儿，其余24名幼儿被安排在控制组，控制组不接触任何榜样，具体分组情况见表7–1。为保证幼儿在开始实验时的原有攻击性水平相当，班杜拉事先对每个被试的攻击性水平进行了等级评定。一名实验者和一名教师对这些儿童的身体攻击、语言攻击和对物体的攻击行为进行评定。这些评定结果使实验者可以依据平均攻击性水平将各组被试进行匹配。

表7–1 “波波玩偶”实验研究被试分组情况

<table>
<tr><th colspan="8">实验组</th><th>控制组</th></tr>
<tr><td colspan="4">攻击性榜样</td><td colspan="4">非攻击性榜样</td><td rowspan="3">不接触任何榜样</td></tr>
<tr><td colspan="2">男孩</td><td colspan="2">女孩</td><td colspan="2">男孩</td><td colspan="2">女孩</td></tr>
<tr><td>同性榜样</td><td>异性榜样</td><td>同性榜样</td><td>异性榜样</td><td>同性榜样</td><td>异性榜样</td><td>同性榜样</td><td>异性榜样</td></tr>
</table>

三、实验程序

每名幼儿分别进行实验。

1. 阶段一：进入活动室

实验者把一名幼儿带入一间活动室。在路上，实验者假装意外地遇到成人榜样，并邀请他过来“参加一个游戏”。幼儿坐在房间的一角，面前的桌子上有土豆印章和贴纸供幼儿玩耍。随后，成人榜样被带到房间另一角落的一张桌子前，桌子上有一套拼图玩具、一根木槌，桌旁有一个1.5米高的充气“波波玩偶”。实验者解释说，这些玩具是给成人榜样玩的，然后便离开了房间。

2. 阶段二：实验者离开，成人榜样介入

无论在攻击情境还是在非攻击情境中，成人榜样一开始都先玩拼图玩具。一分钟后，攻击性榜样便开始用暴力击打“波波玩偶”。成人榜样把“波波玩偶”平放在地上，然后坐在它身上，并且反复击打它的鼻子。随后成人榜样把“波波玩偶”竖起来，捡起木槌击打它，然后猛地把它抛向空中，并在房间里踢来踢去。这一攻击行为按以上顺序重复三次，中间伴有攻击性语言，比如“打他的鼻子……”“打倒他……”“把他扔起来……”“踢他……”，以及两句没有攻击性的话：“他还没受够”“他真是个顽强的家伙”。这样的情况持续将近10分钟，然后实验者回到房间里，向成人榜样告别后，把孩子带到另一间活动室。

在无攻击行为的情境中，榜样只是认真地玩10分钟拼图玩具，完全不理“波波玩偶”。班杜拉和他的同事们尽力确保除了要研究的因素（攻击性榜样、非攻击性榜样、榜样性别）以外，所有实验因素对每一名被试都是一样的。

3. 阶段三：成人榜样离开，实验者回到房间

游戏10分钟后，所有被试都被带到另一间活动室，那里有非常吸引人的玩具，如救火车、喷气式飞机、有多套衣服的娃娃等。为了测试被试的攻击性反应，使幼儿变得愤怒或有挫折感可能会提高这些行为发生的概率。所以，实验者先让被试玩这些有吸引力的玩具，不久后告诉他们这些玩具是为其他幼儿准备的，如果还想玩，可以到另外一个房间玩别的玩具。

在最后的实验房间内，有各种攻击性和非攻击性的玩具。攻击性玩具包括“波波玩偶”、一个木槌、两支飞镖和一个上面印有人脸的绳球。非攻击性玩具包括一套茶具、一个球、两个娃娃、一辆小轿车和小卡车、各种蜡笔和纸，以及若干塑料动物。每个被试在房间里玩20分钟，在这期间，评定者在单向玻璃后依据多条指标对被试行为的攻击性进行评定。

该研究总共评定了被试行为中的八种不同反应。在此，我们概述四种最鲜明的反应：第一，模仿榜样的攻击行为，包括坐在“波波玩偶”身上，击打它的鼻子，用木槌击打它，把它抛向空中，用脚踢它；第二，模仿成人榜样的攻击性语言，研究者记录“打他，打倒他”等语言的次数；第三，用木槌击打玩偶以外的其他东西；第四，成人榜样未做出而被试自发做出的身体或语言的攻击行为。

实验照片

四、研究结果

研究结果支持了班杜拉和他的助手在实验前提出的四种假设中的三种。观看暴力行为的实验组幼儿的攻击行为水平远远高于观看非暴力行为的实验组以及控制组中的幼儿。男孩比女孩更愿意模仿同性榜样，女孩模仿女性榜样的证据不明显。男孩模仿肢体暴力的行为多于女孩，而男孩和女孩模仿语言暴力的程度差别不明显。当榜样

为男性时，女孩在模仿阶段会表现出更多肢体暴力；当榜样为女性时，女孩在模仿阶段则表现出较多的语言暴力。

研究结果与实验视频

如果第二个假设——非攻击性榜样能起到抑制幼儿攻击行为的作用成立，那么被试在无攻击条件下攻击行为的平均数明显低于没有榜样的控制组。而在实际研究中不同的行为表现结果是混杂的，因而这种结果不能说明非攻击性榜样能对幼儿的攻击行为产生抑制作用。

案例导学

1.“波波玩偶”案例中的研究假设是什么？

2. 该案例是如何通过实验来验证假设的？包括哪些步骤？

3. 请尝试分析案例中的自变量有哪些，因变量是什么。班杜拉及其助手是如何控制无关变量的？

4. 班杜拉是如何保证不同组的幼儿实验结果是可比的？

讨论 实验法

19世纪末20世纪初，欧洲和美国产生了一种被称作实验教育学派的教学实验活动，这是一种完全在实证主义精神影响下的实验活动，它所创立的科学主义的实验模式是教学实验发展史上的一座里程碑。19世纪末期，科学尤其是实验科学的发展已经给科学主义的教学实验模式的产生准备了条件。20世纪的前五年，实验法在教学研究领域得到了独立的运用，或者说教学实验开始采用实验心理学中的测量、统计与实验设计等方法。

一、什么是实验法

实验法是研究者根据某种理论及其假设，有意地严格控制或特意地创设某些条件，促使特定的现象产生、发展，并对该现象进行有目的、有计划的观察、记录、测定与分析，以揭示事物间的因果关系，得出科学结论的研究方法。

二、实验法的类型

按照不同的标准，实验法有多种分类方式。这里我们根据实验控制的程度，将实验分为前实验、准实验、真实验三种。

1．前实验

前实验是可以进行观察和比较，但没有随机分派研究对象，无对照组，对无关干扰因素缺乏控制的一种实验。前实验往往误差较大，无法说明因果关系，也无法验证自变量与因变量的因果关系，实验结果很难推广到实验以外的其他群体或情境中，内外效度均很低。尽管存在上述问题，前实验仍然具备实验处理和测量两个基本实验要素，因而也是实验法的一种类型，并且是准实验、真实验的基础，但因其实用性较弱，在教育研究中应用得很少。

2．准实验

准实验在实际操作中往往都伴有对照组，但是没有对研究对象进行随机分组，不能像真实验那样控制误差来源。准实验是在教育的实际情境中进行的，因而它在教育研究中的可行性较强。我们平常接触的教育实验大多属于准实验，这是因为教育实验的情境和对象具有特殊性，教育实验难以满足一般科学实验的规范要求。例如，进行植物种子生长的实验，我们可在实验室中调控不同的温度、湿度，随机将种子分组，并进行生长观测。而学前教育研究很难对幼儿、教师、教学活动进行严格的条件控制。

3．真实验

真实验是指随机分派被试，完全控制无关因素，能系统地操作自变量的实验。相对于前实验和准实验，真实验的实验效度高，误差程度低。但由于教育研究的对象是人，教育现象又复杂多样，对无关变量进行完全的严格控制是很难做到的，即在教育研究中真实验是很难实现的。

在以上三种实验中，准实验在教育学中应用得最为广泛。

三、实验法的特点

实验法具有以下四个特点，这也是实验法区别于其他研究方法的主要特点。

1．以理论假设为前提

即在一定的理论指导下形成研究假设，实验的设计与实施过程等都是围绕假设的验证而展开的。研究假设决定了整个实验研究的方向、范围，为数据的收集、整理和分析提供框架。

2. 控制实验条件

对实验条件的控制是实验法的主要特点，也是实验法区别于观察法、调查法的根本特点。在实验研究中研究者不是被动地等待研究现象自然出现的，而是主动地控制某些条件或创设一定的条件来获取有关研究资料的，即研究者要控制自变量，对因变量进行科学、客观的测量；严格控制无关变量，排除自然状态下各种无关因素对研究结果产生的影响，确保能准确探讨事物间的因果关系。

3. 揭示事物的因果关系

观察法和调查法可以得出事物特征的现状和几个变量之间的关联，但是不能得出一个事物变化引起另一事物变化的因果关系。实验法通过控制实验条件，消除无关变量的干扰，控制研究变量，从而得到条件与反应结果之间的因果关系。

4. 可重复验证

可重复验证是科学研究的一个重要特性。不同的研究者只要仿照已有研究，选取相同或相似的研究对象，在相似的控制条件下，按照程序规则进行实验，就可以得出相似的研究结果。重复验证程度越高，则代表研究的结论越准确、越可靠。

四、实验法的一般步骤

实验法一般遵循以下步骤展开研究。

1. 提出问题和确立假设

在确定学前教育研究问题时，研究者可以根据自己的教育实践和观察，发现问题、提出问题；也可以基于教育理论发现和提出问题；还可以对他人研究的成果进行考察和思考，提出研究问题。在此过程中，研究者需要查阅相关研究及文献资料，借鉴已有研究成果与方法，并加以分析和比较，逐步聚焦研究课题，细化研究问题，清晰界定研究范围，形成研究假设并明确陈述。

“波波玩偶”案例探讨的问题是幼儿是否会将模仿学习泛化到榜样不出现的情境中。在借鉴先前研究的基础上，研究者提出了四种假设。

2. 选择被试

根据研究问题，研究者首先需要确定被试范围，在考虑场所、性别、年龄等条件的基础上按照一定的抽样方式从总体中选取有代表性的样本。在“波波玩偶”案例中，研究者根据性别、年龄、实验条件将被试分为8个实验组和1个控制组。

3. 分析研究变量

实验研究的一个突出特点是需要控制实验条件，包括对自变量、因变量及无关变量的控制，以及对因变量的观察和测定。

自变量，也称作实验因子，是指作为研究对象，可人为地加以控制以引起因变量变化的变量，它是实验中呈现给被试的刺激因素。例如，研究者欲探索某种教学法对幼儿语言能力水平的影响，这其中教学法便是自变量。又如，在“波波玩偶”案例中，研究假设“观察到攻击行为的儿童不论榜样是否在场，都会模仿榜样做出类似的攻击行为，而且这种行为明显不同于观察到非攻击行为或根本没有榜样的被试”，其中的自变量就是榜样的性质（攻击性与非攻击性）。自变量往往就是研究者所要研究的问题，对这一点研究者要十分明确。

对于因变量的选择和确定，研究者需要考虑该变量是否能提供研究所要探讨的信息，该如何测量，测量的准确性如何。在案例中，攻击行为即因变量，研究者评定了被试行为中的八种不同反应，如坐在“波波玩偶”上、击打它的鼻子等。

无关变量是指那些对实验结果会产生影响的其他刺激变量。无关变量与所研究的问题无关，但却是会影响研究结果的变量。在实践中，常用的控制无关变量的方法有：将无关变量排除在实验之外，尽可能不使它对实验产生影响；使无关变量以同一水平作用于实验组和控制组，如选择前测水平相当的研究对象或随机分组等。

4. 确定实验设计的模式

实验设计的模式是实验法的一个重要内容，它应能使作为假定原因的自变量发生变化，从而引起因变量的变化，同时必须能够消除假设中所不包括的无关因素的影响，从而使研究结果准确、可靠。实验设计的模式有很多种，在此简要介绍学前教育研究中较常见的单组实验设计、等组实验设计、多因素实验设计。

（1）单组实验设计

单组实验设计指的是实验中只有一组被试。其中最简单的一种模式为单组后测设计，即在对一组被试进行实验处理后，再对因变量进行测量以检验实验效应。我们常用符号G代表组，X代表实验处理，*O*代表因变量测量结果，进而可将单组后测设计表示为：

$$G \quad X \quad O$$

例如，一项研究旨在探索新开发的体育游戏健身方案对中班幼儿大肌肉动作发展的影响。若采用单组设计模式，可选取某幼儿园一个中班班级的幼儿作为研究对象（G），在整个一学期中实施体育游戏健身方案（X），在学期末对该班级幼儿的大肌肉动作发展进行测量，得到结果（O），这是单组后测设计。

该设计可以帮助研究者对因变量的现状有一定的了解，然而缺乏对照和前测比较。单组实验设计还有一种模式是单组前后测实验设计，即在实验处理的前后分别进行前测和后测，通过比较前后测的差异来判断实验效应，可用符号表示为：

$$G \quad O_1 \quad X \quad O_2$$

依然采用上面体育游戏健身方案对中班幼儿大肌肉动作发展影响的例子，研究者若在学期初对该班级幼儿大肌肉动作发展作出测量，即称为前测（O_1），整个学期实施体育游戏健身方案（X），到学期末再次对该班级幼儿进行大肌肉动作发展测量，即为后测（O_2），这样的设计即为单组前后测设计。

该设计加入了前测，比上一种单组后测设计有所进步，可通过前后测比较来说明变量关系。然而，它无法解释实验效应是否仅仅来自自变量，而非其他无关变量。

（2）等组实验设计

基于以上单组实验设计的局限性，在研究中，选择两个或两个以上条件基本相同的组作为研究对象，两组自变量不同，其他条件保持不变，进而对自变量产生的变化进行观测，这种模式被称为等组实验设计。

等组实验设计区别于单组实验设计的最主要特征在于，它选择了条件基本相等的两个或多个组作为研究对象，而如何实现“等组”呢？在实践中，我们常用两种方式：一是随机分组；二是通过测验对被试进行匹配。

基本的模式可用以下符号表示，即两组实验对象，一组为实验组，一组为控制组（对照组），仅进行后测。

$$G_1 \quad X \quad O_1$$

$$G_2 \quad - \quad O_2$$

等组实验设计也可进行前测和后测，比较两组前后测差异的大小。

$$\begin{array}{cccc} G_1 & O_1 & X & O_2 \\ G_2 & O_3 & - & O_4 \end{array}$$

例如，若上述体育游戏健身方案对中班幼儿大肌肉动作发展影响的研究选择两个班级的幼儿作为研究对象，班级中的幼儿在年纪、家庭因素、教师经验等方面相对一致，则形成等组。一个班级实施体育游戏健身方案（X），即为实验组（G_1），另一个班级不实施该方案（–），即为对照组（G_2），在学期初和学期末对两个班级的幼儿都进行大肌肉动作发展的测量，即为等组实验设计。

当自变量水平较多时，实验可设计多个组。如研究三种不同的教学方法对学生学习效果的影响，这里教学方法是自变量，可分为X_1、X_2、X_3，学习效果是因变量，在实施实验的前后对学习效果进行观测。该模式可用符号表示为：

$$\begin{array}{cccc} G_1 & O_1 & X_1 & O_2 \\ G_2 & O_3 & X_2 & O_4 \\ G_3 & O_5 & X_3 & O_6 \end{array}$$

前后测等组实验可通过组的比较、前后测的比较，更加准确地考量实验效果，因而是实践中最常用的设计模式之一。然而，采用前后测的一个问题是被试有可能从前测中获得经验，这会影响后测结果，进而影响研究的内部效度。因此在使用时，研究者需考虑测试本身的前测效应、前后测的时间间隔，或采用平行测试。

（3）多因素实验设计

有时候，研究者感兴趣的、影响研究结果的因素有多个，这就需要用到多因素实验设计。这里的因素即指因子，也称作自变量。

多因素实验设计至少要有两个因子，每个因子至少要有两个水平，这种最基本的多因素实验设计也被称为2×2因素设计。

“波波玩偶”案例探讨了幼儿性别和榜样是否对幼儿的攻击性水平造成影响，这其中的一个因子就是性别，分为男和女两个水平；另一个因子是榜样的类型，分为攻击性榜样和非攻击性榜样两个水平，这就是一个2×2因素实验设计（表7–2）。而在该研究中，研究者其实还考虑了另一个因素——榜样的性别是否对幼儿的攻击行为造成影响，因而这一项研究有三个因子，每个因子有两个层次，这就构成了2×2×2因素设计（表7–3）。

表7-2　2×2因素设计模式

<table>
<tr><th rowspan="2">自变量1</th><th colspan="2">自变量2</th></tr>
<tr><th>男孩</th><th>女孩</th></tr>
<tr><td>攻击性榜样</td><td></td><td></td></tr>
<tr><td>非攻击性榜样</td><td></td><td></td></tr>
</table>

表7-3　2×2×2因素设计模式

<table>
<tr><th>自变量1</th><th>自变量2</th><th>自变量3</th></tr>
<tr><td rowspan="4">攻击性榜样</td><td rowspan="2">男孩</td><td>同性榜样</td></tr>
<tr><td>异性榜样</td></tr>
<tr><td rowspan="2">女孩</td><td>同性榜样</td></tr>
<tr><td>异性榜样</td></tr>
<tr><td rowspan="4">非攻击性榜样</td><td rowspan="2">男孩</td><td>同性榜样</td></tr>
<tr><td>异性榜样</td></tr>
<tr><td rowspan="2">女孩</td><td>同性榜样</td></tr>
<tr><td>异性榜样</td></tr>
</table>

5. 实施计划

在这一步骤，研究者根据研究方案开展实验，认真收集实验的数据资料。研究者需注意在实验前做好实验准备，如仪器设备、测量工具、环境布置等；在实验过程中要做好自变量的操作，按规范使用测量工具，严格控制实验条件；在实验后要检查数据的记录情况，有需要时可进行原始数据的初步整理。

6. 分析资料，形成报告

即对收集到的资料进行整理、核对，对整理出来的资料进行统计分析。实验研究常用的分析方式是验证假设，并得出研究结果，对研究结果及其意义加以讨论，做出推论。研究者通常还需要客观地分析研究存在的不足与接下来进一步的研究方向，最后在这些基础上，撰写一份规范的研究报告。

延伸阅读

1. 李相禹，刘焱．师幼比对幼儿园集体教学质量影响的实证分析［J］．学前教育研究，2016（5）：3–14.

2. 牟丽霞，陈永胜．任务、年龄和性别对幼儿情绪理解成绩的影响［J］．心理学探新，2006，26（2）：75–77.

3. 陈纯槿，柳倩．学前教育对学生15岁时学业成就的影响：基于国际学生评估项目上海调查数据的准实验研究［J］．学前教育研究，2017（1）：3–12.

单元8　考察事物异同：聚焦比较研究

学习目标

了解比较研究的内涵。

掌握比较研究的基本范式及其发展。

了解比较研究的类型。

掌握比较研究的基本步骤、注意事项。

学习提示

比较研究是学前教育研究中的一种重要方法，它通过对经验事实材料的比较分析、综合归纳、分类与类比等方式，认识教育现象，把握教育的本质规律。本单元在展示案例的基础上，讨论了比较研究的内涵、基本范式及其发展，分析了比较研究的不同类型，阐述了比较研究的基本步骤和注意事项。

案例　美、英、日、印四国学前教育体制的比较研究①

“美、英、日、印四国学前教育体制的比较研究”为霍力岩教授主持的国家哲学

① 资料来源：霍力岩，黄爽，陈雅川. 美、英、日、印四国学前教育体制的比较研究［M］. 北京：北京师范大学出版社，2013.

社会科学基金项目，这是国内首次对世界学前教育体制进行的较为系统的研究，为我们了解世界其他国家和地区学前教育体制的发展提供了翔实的资料，并且该研究在将问题研究与国别研究相结合、方法研究与指标研究相结合、循证研究与因素分析相结合、个案研究与比较研究相结合等方面都有一定的创新。该研究成果入选2012年度“国家哲学社会科学成果文库”。下面对该研究作简要介绍。

一、研究问题

面对当前我国学前教育事业突飞猛进的发展趋势，深入系统地研究学前教育领域有突出影响力的国家显得十分必要，尤其是这些国家的学前教育体制建设，可以为我国学前教育事业的发展提供借鉴。

根据我国国情，研究者在已有研究的基础之上，以美国、英国、日本和印度四国的学前教育体制为研究对象，较为系统、深入地探讨与分析了四国近年来与学前教育发展密切相关的背景信息，比较分析了四国学前教育体制的主要内容与特点，概括总结了四国学前教育发展的主要经验及其对我国学前教育事业发展的启示。该研究着重探讨三个问题：第一，四国学前教育发展的背景和历程；第二，四国学前教育体制的主要内容与特点，该部分内容为研究的主体；第三，四国学前教育发展的经验与启示，这也是该研究的目的与意义所在。

二、研究路径

该研究参考借鉴了已有的比较研究，并将比较研究的方法和路径加以重组、改造、探索、创新，形成了一条自己的研究路径，即由“问题—指标—个案—描述—解释—并列—比较—结论—建议”九个步骤组成一个循序渐进、循环往复的研究过程。

该路径可具体描述如下。（1）问题：根据社会需要、日常观察和热点讨论确定问题；（2）指标：提出假说或者明确对问题的认识；（3）个案：选择有代表性或典型意义、启发意义的对象国；（4）描述：明确研究问题所涉及的核心概念，建立可操作的指标体系；（5）解释：用最经济的方法，即利用资料，对研究问题做出尽可能多的解释；（6）并列：根据核心概念的各种可测量的指标，收集已确定的对象国的相关数据资料；（7）比较：将各种数据、证据并置处理；（8）结论：得出同一类目指标比较研究的系列结论，同时阐明数据或证据间的关系；（9）建议：根据研究结论提出政策建议或实施建议。

三、收集与分析资料的方法

该研究主要采用了比较研究的方法，同时在各个研究阶段和研究部分适当地穿插使用了文献法、因素分析法等。

该研究通过查阅图书馆与互联网资料、咨询专家、现场访问、参加国际会议等方式，收集了大量美、英、日、印四国的学前教育体制相关文献，包括政策和法律文本、政府报告、研究专著与论文等。

比较分析是该研究最主要的分析方式，它是根据一定的标准对某类教育现象在不同情况下的不同表现进行比较的一种研究方法。该研究在文献分析的基础上，构建了比较分析框架，该框架主要包括五个方面的内容："是什么""如何办""由谁管""谁出钱""由谁教"，即性质、地位与功能，办学体制，管理体制，投入体制，师资建设体制五个维度。该研究进一步细化了比较分析框架，将以上五个维度作为一级框架，逐步建立了相对完整又具有操作性的三级框架，形成了完整的指标体系（表8–1）。

表8–1　四国学前教育体制比较研究的指标体系节选[①]

一级指标	二级指标	三级指标
学前教育的性质、地位与功能	性质	是否被纳入国家地区学制体系之中
		是否属于义务教育
		是否免费
	地位	国家/地区对学前教育的总体定位
		是否被纳入学制系统之中，作为基础教育的第一阶段
		公立学前教育机构在各级各类学前教育机构中所占比例
		其他
	功能	学前教育的目的
		学前教育对经济发展的价值
		学前教育对社会公平、减贫的价值

① 霍力岩，等. 美、英、日、印四国学前教育体制的比较研究［M］. 北京：北京师范大学出版社，2013：54–61.

续表

一级指标	二级指标	三级指标	
学前教育办学体制	基础数据	幼儿人数与入园率	全国/地区幼儿总人数
			幼儿占全国/地区总人口比例
			3—6岁幼儿数
			在园幼儿数
			3—6岁入园率
			学前一年入园率
		各类学前教育机构的数量	全国/地区学前教育机构总体规模
			全国/地区下设各行政区划的学前教育机构具体数量
			全国/地区不同类型学前教育
			学前班规模
			提供学前教育的注册机构
		学前教育机构的收费情况	全国/地区人均年收入
			全国不同类型学前教育机构的收费额
	办园机构	机构类型	略
		机构经费来源	公立机构 私人举办 第三部门举办
		是否附属于小学或其他教育机构	
		由哪个部门负责审批、登记注册	
		针对处境不利儿童开设的学前教育机构	全国/地区处境不利儿童的人数和比例
			针对处境不利儿童开设的学前机构的数量
			受益儿童的数量
			受益儿童的比例

续表

一级指标	二级指标	三级指标
学前教育管理体制	政府职责	中央政府的学前教育职责包括哪些具体方面
		地方各级政府的学前教育职责包括哪些具体方面
		中央教育主管部门的学前教育职责有哪些
学前教育管理体制	主管部门	负责学前教育机构注册审批的部门名称
		负责学前教育机构日常监督的部门名称
		负责保教业务管理的部门名称
学前教育投入体制	学前教育经费来源的构成	全国/地区财政性学前教育事业经费总额
		学前教育主要经费来源
		比上一年增长（%）
	财政性学前教育经费的投入情况	财政投入总量
		比上一年增长（%）
		生均预算内学前教育经费拨款
学前教育师资建设体制	幼儿园教师人数	全国/地区幼儿园教师总数
		基于各指标的幼儿园教师比例
		园长、专任教师、保育员（包括保健医生）的人数、身份、比例
	幼儿园教师的学历和职称	各类学前教育机构中幼儿园教师的具体学历及其比例
		各类学前教育机构中幼儿园教师的职称及其比例
		不同身份幼儿园教师的学历与职称及其比例

四、研究结论

该研究对美、英、日、印四国学前教育性质、地位与功能，学前教育办学体制，学前教育管理体制，学前教育投入体制以及学前教育师资建设体制进行了翔实而丰富的分析，并在此基础上对国际学前教育的发展趋势进行了分析与概括，为我国学前教育事业发展提供了政策依据，因此具有较高的政策价值。

从学前教育的性质看，四国均普遍重视且越来越重视学前教育事业的公益性和教育性。美国、英国和印度的学前教育具有准公共产品性质并有一定形式的免费措施。日本的学前教育虽然具有准公共产品性质，但并不免费，而是政府补助与家长交费相结合的形式。从学前教育的地位看，美国和英国已将学前教育纳入国家学制系统并将其作为义务教育的组成部分与奠基阶段；日本和印度的学前教育虽然被纳入国家学制体系，但仍旧独立于义务教育系统。与此同时，四国均普遍重视且越来越重视学前教育的规模与质量问题。从学前教育的功能看，美、英、日、印四国对学前教育的功能有较为一致的认识——促进儿童全面发展、做好入学准备和帮助妇女就业。与此同时，一些国家还有着自己关于学前教育功能的新认识和新做法，如在美国、英国和印度，学前教育被认为是辅助弱势群体、实现教育公平的重要手段。

从学前教育办学体制看，美国和英国的办学主体身份多元、机构类型多样；日本是政府举办与扶助私立相结合的双轨并行制；印度办学机构设置灵活且便民，并与项目密切结合。与此同时，无论实行哪种模式，各个国家均普遍重视且越来越重视中央政府对学前教育事业的控制和影响，出台诸多政策和有效举措，以引导办学方向、规范办学行为和优化办学的社会效果。

从学前教育管理体制来看，印度为中央主导的管理模式，美国为地方自主的管理模式，英国和日本为中央与地方均权的管理模式。无论采取哪种模式，中央政府对学前教育的管理力度或影响力度都在逐步加强。在学前教育主管部门与相关部门职权划分上，英国和印度为单一部门主管、多个部门合作的模式，日本和美国为两个部门主管模式，其中日本采取双轨并行模式，美国采取单轨衔接模式。总体而言，明确学前教育管理主体，协调学前教育各相关部门的分工与合作，并加强教育与保育的融合，已经成为越来越多国家的选择。

从学前教育投入体制来看，印度采取中央为主、地方配合的模式，美国是中央与地方联合的模式，日本是地方为主、中央扶持的模式。在学前教育经费来源方面，英国和印度以政府财政投入为主要来源，日本以财政投入、家长缴费和捐赠补助等多方筹集为主要模式，美国则采取政府、家庭与社会投入并重且渠道多样化的投入模式。总体而言，四个国家近年来的学前教育财政投入的预算总额与实际额度均呈现持续递增趋势，并且无论采取哪种模式，中央财政投入逐渐成为学前教育经费的重要来源，政府通过经费投入的手段影响着本国的学前教育。

从学前教育师资建设体制来看，幼儿园教师总体都与中央政府或地方政府签有工作合同。比如，日本明确将幼儿园教师纳入公务员系统或使其享有公务员同等地位与待遇；英国和美国明确幼儿园教师享有公务雇员的身份，即公务员兼雇员身份；印度幼儿园教师以项目工作人员的身份参与学前教育项目的工作。在幼儿园教师的工资待遇和社会地位方面，四个国家呈现出的共同点是公立学前教育机构教师的工资水平和社会地位普遍高于私立学前教育机构的教师。日本幼儿园教师享受同中小学教师一样的工资待遇，社会地位普遍较高；美国公立学前教育系统的幼儿园教师工作环境、收入水平和福利待遇相对较高；英国和印度幼儿园教师的工作条件和最低工资问题由于受到国家政策和法规的重视也在不断改善。此外，各国都越来越重视幼儿园教师在职培训，并且将在职培训与职前教育和教师任用等相融合，以促进教师专业发展。

美英日三国学前教育改革的比较研究①

案例导学

1. 该案例属于哪种类型的比较研究？
2. 比较研究的基本步骤是哪些？
3. 该案例采取了哪些方式收集资料？
4. 该案例是如何逐步建构比较分析框架并进行资料分析的？

讨论　比较研究

一、比较研究的内涵

比较是根据一定的标准，对两个或两个以上有联系的事物进行考察，寻找其异同，探求普遍规律与特殊规律的一种方法。教育比较研究是对某类教育现象在不同时期、不同地点或不同情况下的不同表现进行的比较分析，旨在揭示教育的普遍规律及其特殊表现的方法。

比较是一种分析的方法，也是人们认识事物的主要方法之一。然而比较研究并不仅仅将比较作为认识的工具，对于比较的方法和比较研究之间的区别和联系，我们可以从以下几个方面来理解，以明确比较研究的内涵。②

① 曹能秀，等.美英日三国学前教育改革的比较研究（2001—2015）［M］.北京：人民教育出版社，2016.

② 陈时见.比较教育学［M］.重庆：西南师范大学出版社.2012：5-6.

（1）比较研究的方法多种多样，它通过运用包括比较法在内的多种研究方法，如描述法、统计法、归纳法等，探寻事物本质和发展规律，但比较法依然是比较研究中最核心的方法。比较研究最重要的内在学理依据是它的跨文化特性，由于比较教育研究先天地要在跨文化的视野中审视不同民族国家的教育现象，这就决定了它必然要以比较的方法作为其最基本的研究方法。①

（2）虽然比较研究探究各个民族、各个地区或各个国家之间的教育现象和教育问题，有自身的特殊性，但比较研究正是通过探寻差异，来找寻人类教育背后的共同性和一般规律的。

（3）比较研究可涉及不同学科领域，比较法不具有构建某个学科领域的属性或特点。例如，比较研究可涉及教育或文学等领域，通过比较、分析可促进这些学科的发展，但无法构建该学科。

二、比较研究的基本范式

19世纪初，出现了一些对教育进行比较考察的相对成熟的研究。随着比较教育学科的发展，先后形成了几种基本的研究范式：因素分析范式、实证主义范式、多样化范式。

1. 因素分析范式

因素分析范式主要被用来探究影响教育发展的决定性因素，这一范式反对孤立地研究教育，主张把目光放到教育的背后。比较研究并不仅仅是罗列和描述各种教育现象，而是要对这些现象背后的因素进行探讨，找到影响教育发展的关键因素。因素分析范式注重历史分析和解释，其目的是要说明以某种决定性因素为主的多种因素是如何起作用的；比较各国教育体系中一般原理的假设，并相互检验；注重分析区域文化的作用，强调文化与教育的互动性。②

2. 实证主义范式

因素分析范式通过分析、解释来总结教育经验，但因无法具体有效操作，其科学性和操作性受到质疑。20世纪60年代，学科方法论研究有重大发展，各种社会科学方法盛行，方法论从早期注重分解法到兼顾综合法，使得理论体系更加完善。③这

---

① 项贤明. 比较教育学的立足点和方法论［J］. 比较教育研究，2001，22（9）：1-8.

② 陈时见. 比较教育学［M］. 重庆：西南师范大学出版社. 2012：63-35.

③ 赵明范. 比较教育学研究范式初探［J］. 时代教育，2017（13）：131.

一时期人们将现代社会科学的一般程序引入比较研究中，在研究过程中引入数据测量和数据分析，减少了主观偏见造成的影响，加强了描述和解释的客观性与准确性。

3. 多样化范式

随着社会的发展，许多学者逐渐认识到教育是复杂的社会现象，“数据测量”适用于比较研究的某些方面，如描述、分类等，但在深入教育现象、解释原因等方面尚有其局限性。因而比较研究引入了多样化的研究范式，整合了其他学科的理念和方法，使得比较研究不断发展、深入。

在研究范式的发展进程中，有几位著名学者和他们的理论对后续学科的发展影响较大。有研究者提出了“比较研究四步法”——描述、解释、并列、比较；也有研究者提出了“科学与量化方法”，即比较教育的研究程序应当是：确定问题、提出假设、明确概念、选择例证、收集数据、整理数据、说明结果；还有研究者提出“问题法”，即比较教育的主要任务就是从某一主题或共同问题出发，经过调查分析，探讨解决教育问题的各种方法。

当今，比较研究也面临新的挑战，主要包括：强调区域性大型研究，强调以群体为研究对象，强调在复杂的社会背景中进行全方位、多层次的比较分析，强调跨文化多学科的共同参与[①]，强调质性分析和量化分析相结合的分析方式。

三、比较研究的类型

依据不同的标准，比较研究可分成不同的类型。

1. 横向比较研究和纵向比较研究

按时空的区别，比较研究可分为横向比较研究和纵向比较研究。横向比较研究即对空间上同时存在的教育现象进行比较研究，比如对四个国家学前教育体制的比较就属于横向比较研究。纵向比较研究是对同一事物的不同时期进行比较研究，以揭示事物的发展变化过程和发展规律，比如对某个国家不同时期的学前教育体制进行比较分析，就属于纵向比较研究。在学前教育研究中，为全面探寻教育现象的本质规律，我们经常会看到对某一选题既有横向的比较研究，又有纵向的比较研究。

2. 单项比较研究和综合比较研究

按事物属性的数量，比较研究可分为单项比较研究和综合比较研究。单项比较

① 裴娣娜. 教育研究方法导论［M］. 合肥：安徽教育出版社，1995：225.

研究是对事物的一种属性所作的比较研究；综合比较研究是对事物的多种属性进行的比较研究。单项比较研究是综合比较研究的基础，但往往通过综合比较研究才能真正地把握事物的本质。

四、比较研究的基本步骤

和其他任何一种方法一样，比较研究遵循一系列有序的基本步骤。

1. 选择比较的主题

发现和提出问题是研究的起点。比较研究从发现问题开始，明确比较目标，选择研究的主体，这是进行比较研究的前提。比较研究涉及的领域较为广泛，包括世界性、区域性、时代性、变革性、民族性、国别性的诸多教育问题。在这一环节中，研究者需要做到：根据研究课题确定比较的内容，限定比较的范围，从而使比较目标明确而集中；按比较主题统一比较标准，比较标准应既有可比性又有稳定性。这些是比较的依据和基础。

2. 收集、整理资料

通过查阅文献、调查、实验等多种方法，尽可能多渠道地收集所要研究的教育现象的有关资料，保证资料的真实性、代表性、充足性，并尽量收集第一手资料。面对收集来的庞杂的资料，研究者需要进行资料的整理，将资料有序排列，并形成一定的比较标准。在整理研究资料的过程中，研究者要再次筛选、甄别、补充查阅资料。

3. 比较分析资料

比较分析是比较研究的重要环节。首先，研究者要提出比较的标准，把抽象的概念转换成可操作的具体标准；其次，资料分析从表面到深入，并有系统化的总体比较，还要有相应的解释；最后，在这些基础上推断研究结果。

4. 得出结论，形成研究成果

即对整个研究的过程和结果进行分析总结，通过理论与实践论证得出结论，形成研究成果。

五、运用比较研究的注意事项

在开展比较研究时，研究者往往需注意以下事项。

1. 保证研究对象的可比性

所谓可比性，也就是比较对象必须属于同一范畴，有一定的内在联系，可以用同一个评价标准去衡量。在保证可比性时，研究者需要统一比较标准，比较的目标要一致，比较的范围要类似，比较的客观条件应相同。

2. 保证资料的准确性和可靠性

在进行比较研究时，研究者所使用的资料必须是真实、可靠、准确的，并且能够代表总体特征。这就要求研究者在收集资料和分析资料时都要注意资料的客观性和代表性。

3. 进行全面、本质的比较

做比较研究，不能只抓一些表面现象，或局限于片面的信息和细枝末节，否则就如“盲人摸象”，不能全面地把握事物的整体特性。我们需通过大量的、客观的、典型的材料分析其相互关系，透过现象看本质，探寻事物内在发展规律。

延伸阅读

1. 冯增俊，陈时见，项贤明．当代比较教育学［M］．北京：人民教育出版社，2015．请着重阅读该书第二章“比较教育学的理论体系”和第三章“比较教育学的研究方法”。

2. 李敏谊，七木田敦，张倩，等．低生育率时代中日两国父母育儿压力与社会支持的比较分析［J］．学前教育研究，2017（3）：46-54

3. 孙意．中、美、澳、新四国幼儿园教师教育理念的比较研究［D］．南京：南京师范大学，2015．

单元9 以古鉴今：聚焦历史研究

学习目标

了解什么是历史研究。

了解历史研究的特点。

掌握实施历史研究的一般步骤。

学习提示

任何事物的发展都有其自身的历史，本单元应在了解什么是历史研究的基础上，理解为什么需要进行历史研究，如何进行历史研究。此方法涉及丰富多样的史料，容量大、种类多，如何梳理史料、如何进行历史分析和逻辑分析，联系特定的时间和空间，揭示事物现象的发展进程与规律才是研究的核心所在，这也是“以古鉴今”的意义所在。

案例 中国学前课程百年发展与变革的历史研究①

王春燕博士的《中国学前课程百年发展与变革的历史研究》在较为开阔的学术

① 资料来源：王春燕．中国学前课程百年发展与变革的历史研究［M］．北京：教育科学出版社，2004.

中国学前课程百年发展、变革的特点与启示

视野下，纵观学前教育全局，以纵向的时间发展为线索，以学前课程思想史为重点，以学前课程的变革这条主线为突破口，对学前课程的百年发展做了一次全面的分析和梳理。探讨中国学前课程百年发展与变革的规律，总结我国百年学前教育发展的经验与教训，对于引领学前课程改革实践具有重要的现实意义和参考价值。

一、研究背景

学前课程理论是学前教育理论的重要组成部分，是学前教育体系现代化的重要内容，在继承历史遗产与经验的基础上，既立足中国实际，又面向世界，面向未来，对构建具有中国特色的学前课程意义重大。历史是割不断的，同样，现代学前课程的发展也不可能脱离已有的历史传统。

以史为鉴，可以知兴替。历史是连续的，明天是昨天和今天的继续。中国学前课程百年的发展史所给予我们的教训与启示，将会对今后中国学前课程的理论发展与变革实践产生深远的意义。

二、研究方法

对学前课程发展与变革进行历史研究需要讲究方法。历史研究不是对史实的罗列和对历史变革现象的简单描述，而是要透过历史与变革的表象，探寻学前课程发展的规律，从理论上对学前课程的发展进行认识和评价，总结经验与教训，为中国学前课程的本土化、现代化提供有益的养料。因此，在方法上该研究主要涉及以下几种。

1. 文献法

这是该研究的主要方法。研究者在读博期间，花了三年时间收集了大量文献资料，仅引用的主要参考书籍就达90余本，还有很多的期刊、博硕论文等。

2. 访谈法

在研究过程中，研究者运用了很多的访谈记录来再现与说明学前课程发展与变革的脉络。这些访谈记录了经历过20世纪五六十年代与20世纪八九十年代变革的老专家、幼儿园园长及教师的鲜活经历与体验，以反映当时的学前课程变革的背景与发展，这使研究突破了以文献资料为主的局限性，增强了研究的丰富性与生动性，对于读者多视角看待学前课程变革有重要的价值。

3. 历史分析的方法

该研究以马克思主义的历史唯物论为指导，尽可能客观和公允地按照历史的本来面目，把与学前课程变革有关的人物、实践、制度、政治、经济、文化等置于特定的时间与空间条件下进行分析，从而揭示中国学前课程发展与变革的过程、本质与规律。

4. 现象学分析的方法

这是德国哲学家胡塞尔创立的研究方法。它所给我们的启示是，前人积累起来的客观材料是我们今天研究历史所应面对的事实与文本，尤其是对于20世纪80年代以后的学前课程变革的材料不必完全拘泥于考证之中，研究者可以通过自己的逻辑推理和思考，去“还原”以往的课程变革足迹。这对于从哲学层面上研究学前课程发展与变革史背后的深层观念，尤其是从反思的角度评价学前课程变革的研究具有借鉴意义。

5. 历史与逻辑相统一的方法

这一方法最早是由德国古典哲学家黑格尔提出的。黑格尔在《哲学史讲演录》一书中倡导在研究历史哲学时，采用历史与逻辑相一致的方法，即既要尊重历史事实，忠实地采用历史材料，又要从理性的范畴出发来研究历史背后的思想。该研究借鉴这种方法，联系特定历史时代分析和评价学前课程发生与变革史上的事实、事件。

三、研究结果

研究主体包括五个部分：“学习、模仿日本模式的清末民初学前课程（1903—1918）”“旧中国学前课程本土化、科学化的探索（1919—1948）”“新中国学前课程的变革与发展（1949—1965）”“中国学前课程的进一步发展与完善（1976—2003）”“中国学前课程百年发展与变革的规律与思考”。

在梳理中国学前课程百年征程的基础上，研究者总结了以下学前课程发展与变革的基本特点：（1）变革的主线——教育文化的引进和本土化。比如，在1903年之前，中国没有独立的学前教育体制。1903年“癸卯学制”的颁布，才使中国的学前教育制度正式确立。然而，清末的《奏定蒙养院章程及家庭教育法章程》所规定的蒙养院课程与日本明治三十二年（1899）《幼稚园保育及设备章程》所规定的课程几乎相同，如出一辙。（2）变革的脉络——受各种教育流派的影响，与世界教育的发展一脉相承。比如，20世纪二三十年代，美国杜威实用主义教育流派成为影响中国学前课程思想的主流，单元中心制课程、儿童生活课程、行为课程就是受杜威课程思想直接影响的写照。（3）变革的内在倾向——民族文化传统影响课程变革。在处理教与学的关系上，我国崇尚教师权威，尽管从理论上关于儿童主体性的讨论很深入，但在课程实践中却表现得不尽如人意。

此外，研究者总结了历史给予我们的经验与教训，并以现实中的问题为出发点，从以下几个方面对学前课程的基本问题提出了一些思考:（1）对学前课程现实问题的诊断是学前课程发展与变革的出发点；（2）学前课程变革中课程理想与课程的矛盾是学前课程发展与变革的前进动力；（3）学前课程的继承与创新是学前课程发展与变革的机制。

历史研究除了系统地整理和分析历史以外，更应明确如何更好地把握当下的问题，通过历史更好地认识和解决现实问题，这是历史研究“以史鉴今”的意义所在。对历史的反思是学前课程发展的一面镜子，了解过去，总结经验，吸取教训，我们就可以在学前课程实践中不走或少走过去所走的弯路，避免重犯过去所犯的错误。以科学的儿童观、课程观指导学前课程实践，从而形成具有中国本土特色的学前课程体系与课程模式。

案例导学

1. 请结合案例谈一谈历史研究有哪些特点。
2. 该案例采用了哪些具体的方法进行历史研究？

讨论 历史研究

一、什么是历史研究

历史研究，也是一种纵向研究。它应用历史资料，按照历史发展的顺序对过去事件进行分析。历史研究的主要手段是查阅文献资料，通过收集和整理大量的、古今中外的教育资料，研究、解释与分析过去所发生的现象，了解历史事件的因果关系及其脉络，进而为当前的教育实践提供有益的启示和指导。

历史研究有时会与文献法混为一谈，其实二者是有区别的。历史研究会用到大量文献资料，但利用文献进行研究的不一定是历史研究；文献法主要指借助于文献资料来认识研究对象的方法，但不一定研究某一现象的全部过程。历史研究以探索历史规律为目的，主要收集和分析大量史料信息，但不局限于文献资料分析，有时也结合应用调查法、比较研究等。

二、历史研究的特点

历史研究与着眼于当前教育现象为主的观察法、调查法等不同，它的资料并不是直接从研究对象那儿收集、获取的，而是来源于现有的文献资料。因而历史研究具有自身的一些特点。

1. 具有历史性

历史研究的对象是已经发生过的教育现象，研究者需要根据史料进行研究，透过历史资料，把握事物的本质规律及性质，全面地分析和预测教育现象，为当下教育问题提供借鉴，这才是有意义的历史研究，也就是人们常说的“以古鉴今”。

2. 以逻辑分析为主

正因为历史研究多借助于文本类型的文献资料，所以历史研究要以逻辑分析为主，以逻辑分析的方式探寻事物的本质，研究事物发展过程，揭示教育发展规律，形成科学的理论体系。

3. 具体、丰富

历史研究不是直接从研究对象处获取资料，而是在大量的文献资料基础上，还原过去的史实。文献资料具体而丰富，不仅有图书、期刊，还包括档案，甚至还可能有考古出土的文物、民间的各种传说等。面对大量丰富的具体资料，收集和整理资料工作量较大，鉴别资料也显得尤为重要。

历史研究法在教育研究运用中的易犯错误

三、历史研究的步骤

历史研究通常包括三个步骤:分析研究课题的性质与目标、检索收集史料、分析研究史料。[①]

1. 分析研究课题的性质与目标

任何一种研究方法都是根据研究目的确定的，在进行历史研究时，研究者首先需要明确研究目的，分析课题的性质以及所要达到的目标和有关的资料。

2. 检索收集史料

研究者要根据研究目的，确定查找范围的广度和深度，尽可能多途径地收集史料。史料可分为文字史料、实物史料、口头史料。常见的文字史料一般包括图书、报纸、杂志、论文、会议文集、文件档案等。在检索资料时，研究者需要注意以下问题。

（1）注意广泛收集材料，收集不同观点的材料，以便全面、深入地考虑问题。历史研究注重对材料的收集、分析和考证。面对丰富的、浩如烟海的材料内容，研究者一方面需要重视对材料的收集、辨别；另一方面，在选择材料时，一定要注意尽可能不受政治、宗教、种族、文化与个人世界观偏见的影响。

（2）重视原始材料的收集，仔细核查材料的真实性，以保证资料准确、可靠。第一手材料相当重要，引用翻译作品或者第二手材料，材料的真实性或客观性将会大打折扣。翻译者或引用者由于水平或者理解的不同，对作品的翻译或转述可能会有不同。

（3）关注材料的时间性和地域性。研究材料出自什么时间、什么地点，这些也决定着材料参考意义的大小。[②]

3. 分析研究史料

历史研究的难点不仅在于收集史料，更在于通过对史料的透视和分析把握历史发展的规律，得出对当下具有借鉴意义的观点。研究者常借助历史分析和逻辑分析对史料加以分析。

历史分析，即研究者通过整理史料，在错综复杂的历史中分析和厘清发展线索，明确其内在的关系，揭示其历史发展规律。比如，在《中国学前课程百年发展与变革的历史研究》中，研究者用历史的分析方法，尽可能客观、公正地还原历史面貌，将学前课程发展与变革中的人物、事件、政治、经济、文化等各个因素置于特定的时间

① 裴娣娜. 教育研究方法导论［M］. 合肥：安徽教育出版社，1995：142-149.

② 陈志刚. 历史研究法在教育研究运用中应注意的要求［J］. 教育科学研究，2013（6）：76-80.

和空间下进行分析，梳理出学前课程百年的发展与变革过程，并在揭示历史发展的基础上对发展的过程和规律进行理论概括，为当下学前课程的发展提出启示。

逻辑分析，即在遵循逻辑规范的基础上认识、研究历史上的教育问题，包括采用分析与综合、抽象与概括、归纳与演绎等方式。逻辑分析是在历史分析基础上的更高层次的认识方法，研究者在充分认识史料的基础上，运用该方法能对教育历史现象有更深刻的认识。

历史分析与逻辑分析不能分开，在历史研究中需结合使用。如在《中国学前课程百年发展与变革的历史研究》中，研究者即采用了历史分析与逻辑分析相统一的方式，联系史料的时代背景和地域对学前课程发展史上的事件等予以分析和评价，并将结论上升到一定的理论层次加以说明。

延伸阅读

1. 邹胜菊．我国民办幼儿教育政策演进的历史研究［D］．兰州：西北师范大学，2012.

2. 孙贺群．嬗变与走向：美国学前课程发展变革的历史研究［D］．长春：东北师范大学，2011.

3. 孙佳玥．美国学前课程评价的历史研究［D］．南京：南京师范大学，2018.

单元10　走进文化中的群体：聚焦民族志研究

学习目标

了解民族志的起源及特点。

掌握实施民族志研究的一般步骤。

能够结合案例分析民族志在学前教育研究中的应用。

学习提示

本单元重点关注民族志在学前教育研究中的应用，学习者可通过与其他研究方法进行比较、结合案例学习等方式，加深对民族志研究特点的掌握，逐步掌握实施民族志研究的一般步骤。

案例　三种文化中的幼儿园

20世纪80年代中期，来自美国东西方文化与技术交流中心的约瑟夫·托宾、吴燕和、达纳·戴维森深入美国、中国和日本三种文化下的幼儿园进行实地考察和研究，撰写了《幼儿教育与文化：三个国家的幼教实况比较研究》一书。随着社会的发展，各国的幼儿教育发生了巨大的变化，托宾联合中国学者薛烨、日本学者唐泽真弓，怀着对后续研究的热情，对美、中、日三国的幼儿园再次进行了深入的考察，完成了《重访三种文化中的幼儿园》一书。在这一单元，我们主要介绍第一本著作所作的研究，同时对第二本著作所用的不同研究方法进行简要介绍。

一、三种文化中的幼儿园①

20世纪80年代中期，研究者实地考察了美国、中国和日本三种文化下的幼儿园。

（一）研究缘起

20世纪早期，年幼的孩子大多由母亲在家照顾，白天有时也会被父母带到工作的田野间，由雇来的看护者、母亲的帮手或者兄弟姐妹代为照顾。20世纪80年代中期，在美国、中国、日本，幼儿园逐步成为婴幼儿在正式进入小学之前被照顾、社会化与接受教育的主要场所。

托宾等人没有通过测验孩子来探讨某种教育方法的效果，也没有计算师生互动次数、幼儿在幼儿园每天的花费、幼儿花在阅读或算术上的时间，虽然这些问题也有涉及，但他们的研究目的并不是去评估各种文化背景下的幼儿园，而是去探讨文化在幼儿教育中的影响和幼儿园想要做什么。

（二）研究过程

在拟订研究计划的初期，三位研究人员观看了两部人类学民族志研究的影片。第一部民族志影片讲述了一名巫师在进入“恍惚”的状态后帮助两位悲痛欲绝的家长与他们死去的儿子通灵联络的故事；第二部影片记录了巫师观看自己在第一部影片中的状况。在第二部影片中，研究者会问巫师对第一部影片的感觉，鼓励她解释自己在影片中各种动作的意义，让她回忆在魂魄附体时心里在想什么、有什么感受等。利用影片引发当事人回溯和思考的方法，为因选择研究方法而挣扎许久的三位研究者带来很大的启发。他们计划使用录像机完整地记录幼儿园的一日生活，再让幼儿园的教师、行政人员以及幼儿家长、幼儿、儿童发展研究专家从不同角度针对同一录像画面做出不同的评说，以此引发各种解释和讨论。

① 资料来源：托宾，吴燕和，戴维森. 幼儿教育与文化：三个国家的幼教实况比较研究［M］. 王家通，等译. 高雄：丽文文化事业股份有限公司，1996.

1. 寻找合适的研究对象

在开始拍摄之前，三位研究人员首先要寻找合适的幼儿园作为研究对象。他们计划在美国、中国和日本三个国家各选取一所幼儿园，选取的原则是在城市地区、教育较发达。在每一种新的文化中，他们都会与当地工作人员沟通，了解情况，寻找符合上述原则的、合适的幼儿园。最终他们确定了将美国夏威夷州的圣提摩西儿童中心、中国北京的东风幼儿园、日本京都的小松谷保育园作为样本。他们主要选择4岁左右的年龄班，并要求该班级教师能够让拍摄组录制一整天的班级情况，并能在第二年与研究者面对面讨论他（她）的教学策略。当两个及两个以上的班级都能满足这些条件时，研究者会选取光线、摄影角度相对较好并便于布置的班级进行拍摄。

2. 现场记录

研究者对于在现场要拍摄哪些内容事先做了计划和安排。在现场记录中，研究者不但使用录音机、录影带，还使用纸、笔。他们记录下幼儿在自然状态下具有代表性的一日生活，包括入园离园、室内和室外游戏，以及幼儿与教师、与家长、与同伴之间的互动等。在每一所幼儿园他们都要拍摄自由游戏、结构化的学习活动、午餐、点心、洗漱及午睡时间的情况。为了便于比较，他们希望能拍到家长与幼儿互道再见、幼儿间打架、幼儿间合作、教师教育和安慰幼儿的场景。在进行一日生活拍摄时，摄像机始终保持拍摄状态。他们所选择的对象往往是班级正在进行活动的幼儿或教师，如他们通常拍摄正在讲话、唱歌或跳舞的幼儿，当教师和全班幼儿讲话时，一般就拍摄这个教师，偶尔移动镜头拍摄孩子们的表情和反应。

在拍摄过程中，研究者会不自觉地将焦点集中在某一个或某些幼儿身上。如研究团队中的美国成员在录影及编辑时，会不自觉地将焦点集中在错误行为甚至有攻击行为及大声说话的孩子身上；而研究团队中的中国成员在录影及编辑时，会不自觉地将焦点放在团体中。这样一来，研究结果会有一定的主观性，也受到一定文化的限制，不过所采用的研究方法还是统一的。与心理学家用图片进行心理投射测试类似，他们会选择开放性、讨论性均较强的录像、录音来组织讨论，进行研究。

3. 局内人的解释

研究者在对原始录像进行剪辑后，拿回幼儿园播放给行政人员、教师、家长及孩子们观看，这些人员是局内人。研究者会首先向局内人询问，这个录像是否能反映他们幼儿园的状况？如果不能，哪里不能反映？接下来，研究者引导局内人对录像画面进行解释、评论或分析。当面对教师时，研究者还要求教师针对录像中他（她）所做的每一件行为都予以分析。当教师能自己很自然地进行叙述时，研究者不干预；当教师沉默时，研究者便以局外人的身份提出疑问，问录像中教师到底在做什么。比如，在日本的幼儿园中，有名男孩因爱抢风头、故意挑衅，与人打架，而教师却有意忽视了这些举动，研究者会问教师:“为什么拍摄录像那天，你没有阻止这名儿童和其他男孩之间打架？”当面对家长时，研究者会提出问题，如:“你看到你的孩子在幼儿园里的行为感到惊讶吗？”当面对孩子时，研究者会问孩子:“你们记得我们是什么时候来你们班级拍摄录像的吗？”“这个录像中的内容像你们班级、你们幼儿园平时的一天吗？”

4. 局外人的判断

为了呈现更加真实的不同文化间的状况，研究者分别让美国、中国和日本的观众看其他两个国家的幼儿园录像，然后讨论、填写问卷和评分表，从而了解来自不同文化背景下的人对某一事实所表现出的信念与价值观的差异，使研究更趋于两种文化的交流。

5. 代表性问题

一所幼儿园当然不能代表一个国家所有的幼儿园情况。为了描述代表性问题，并且了解每个国家的幼儿园教育观念，研究者将录像播放给同一个国家中其他城市幼儿园的相关人员观看。研究者询问这些城市幼儿园的家长、教师及相关人员、高校学前教育专业的学生及教师，录像中的哪些情形是他们国家的典型情况，哪些不是。这些反馈和回应为研究者提供了背景描述。例如，北京的幼儿教育同行和专家们在看完东风幼儿园录的录像后很明确地告诉研究者，哪些情况是寻常的，哪些是特例，哪些是他们心中的好的教养方式，哪些是他们认为需要改进的；美国的幼儿教育相关人员也会对圣提摩西儿童中心做出评论，如指出其对儿童错误行为管理不够严格等；日本同行也类似地提出相关见解，指出录像中哪些是典型行为，哪些内容缺少了什么。

如此一来，录像不仅记录了一所幼儿园典型的一天，还配上了局内人的评述，以及本国局外人对录像所记录内容的典型问题的评述。经过剪辑后的录像内容代表了该国大多数幼儿园的情况，更具有普遍意义。录像中最原始的拍摄记录作为第一种声音，局内人的评述作为第二种声音，本国局外人的评述作为第三种声音，三种声音共同呈现在录像中。研究者在所撰写的书面报告中，也分别详细记录了在美国、中国、日本三个国家这三种声音的详细信息。

在这项研究中，研究者选取了三个国家约900名教师、家长、行政人员、幼儿教育专家及大学生，听了他们的意见，并采取了统计和叙述两种方式呈现结果。在看过录像后，研究者要求观众填写一份评分表，评分表包括课程、设备、速度、安全等方面共12个问题，主要针对本国幼儿园进行判断，统计结果也由此产生。例如，录像中教师在纪律方面的要求为“太严格”、“刚刚好”或“不够严格”。研究者也会问被试如下问题：社会设立幼儿园最重要的理由是什么？在幼儿园里，小孩子要学到的最重要的事情是什么？好的幼儿园教师最重要的特质是什么？

（三）研究结果呈现

三位研究者通过分析梳理，形成了《幼儿教育与文化：三个国家的幼教实况比较研究》一书。在书中，除绪论外，他们对美国、中国、日本三家幼儿园的资料进行分析，形成三章，在每一章中都描述了以上所说的三种声音。全书最后一章利用约900名非本国局外人的问卷和叙述信息，形成了关于美、中、日三国幼儿园的比较报告。

二、重访三种文化中的幼儿园①

由于第一本书《幼儿教育与文化：三个国家的幼教实况比较研究》及其配套影像资料大受欢迎，作者托宾教授在完成该研究多年后曾打算修订此书，但由于他认为自己在思想和方法上的创新不足，此事便作罢。

（一）研究缘起

1999年的一个下午，托宾教授刚做完一个报告，正在收拾东西，一个年轻人，也就是薛烨，走向了他。薛烨当时刚从哈佛大学教育学院毕业，他表示非常喜欢关于三种文化中的幼儿园的研究，并且让托宾教授看了一段自己拍摄的录像。正是这段录像一下子让托宾教授感到从1985年的第一次研究到现在，中国幼儿园发生了巨大的变化，开展后续研究的时候到了。

托宾教授开始着手组建研究团队。上一次的研究团队有两名美国人和一名中国人，但没有日本人。这一次，托宾教授特别邀请了日本学者唐泽真弓加入，并联合中国学者薛烨，共同负责美、中、日三个国家的幼儿园研究。

---

① 资料来源：托宾，薛烨，唐泽真弓. 重访三种文化中的幼儿园［M］. 朱家雄，薛烨，译. 上海：华东师范大学出版社，2014.

（二）研究方法

新研究所使用的研究方法是对第一次研究方法的扩展，研究者将其称为“用录像引发的多重解释的比较民族志”（video-cued multivocal ethnography）。在新方法中，研究者要:（1）拍摄每种文化中的幼儿园的一日生活；（2）把拍摄到的录像剪辑成20分钟的短片；（3）将剪辑好的录像给所拍摄班级的教师观看；（4）请该幼儿园的其他教师观看；（5）请这个国家其他幼儿教育工作者观看；（6）最后请其他两个国家的幼儿教育工作者观看。三个国家的幼儿教育工作者对几个录像进行讨论，这样做是为了引发各方解释，形成多方对话。

新老研究都将录像作为引发访谈的线索、刺激源，录像也是讨论的主题，还是访谈的工具，这种方式被越来越多地应用到其他研究中。在传统的民族志实地研究中，人类学家白天参与观察一种文化中某个当事人的活动，晚上再请当事人思考和解释这些活动。“三种文化中的幼儿园”采用的录像法没有采用传统的参与式观察法，而是以一系列录像替代记录，这不仅加速了研究进程，而且使得研究的关注点能更多地聚焦到对文化知情人的访谈上。尽管有些人类学家认为这不符合民族志研究的严格定义，但该研究仍然将重点放在幼儿园日常生活的方方面面，用文化作为解释现象的主要工具，重视文化知情人的解释，因而人们普遍认为该研究属于民族志研究的范畴。

新研究在方法上也进行了改进，不仅让幼儿园教师和园长有更多充分表达意见和做讲解的机会，而且在每个国家拍摄了两家幼儿园，这也是新旧研究最大的不同。研究者进行这一调整的原因不是为了提供更具有代表性的样本，因为在美国、中国和日本的全国范围内不论选择一家还是两家幼儿园，在代表性上都不会有本质的改变，其目的是为了突出延续性和变化性。在新研究中，研究者依然保留了原来的三所幼儿园:中国北京的东风幼儿园、日本京都的小松谷保育园和美国夏威夷的圣提摩西儿童中心，同时研究者在每个国家又选择了一所新的幼儿园进行拍摄。选择新园的标准是他们自己认为且被同行认为代表了该国幼儿教育发展新方向的。

（三）研究结果

《幼儿教育与文化:三个国家的幼教实况比较研究》指出，幼儿园是较为新型的社会机构，其任务是将幼儿培养成为能够适应其所处社会文化的成员。该书的主要结论是：美国、中国和日本的幼儿园是反映和传递文化核心竞争力的机构。

《重访三种文化中的幼儿园》探讨的重点是几十年后在美国、中国和日本的幼儿园中仍然继承并保持下来的传统和发生的各种变化。该书详细阐述了三个国家的幼儿园教育体系是如何反映和传递文化价值的，同时又是如何应对不断变化的社会压力的，以及对幼儿应该学什么、做什么和成为什么样的人有何期望。

案例导学

1. 民族志研究与田野调查的关系是怎样的？

2. 在案例《幼儿教育与文化：三个国家的幼教实况比较研究》中研究者使用了哪些方法收集资料？民族志研究常用的资料收集方式有哪些？

讨论　民　族　志

“民族志”一词在英文中对应的词是ethnography，该词由ethno和graph两部分组成，ethno意为民族，graph意为记录、书写、绘画、图解、再现等。这一合成词恰好体现了民族志最基本的特征。民族志既可指一种与“民族”相关的学术研究方法，也可指运用这种方法而“书写”的一种文体形式。①

一、民族志的起源

民族志起源于文化人类学，20世纪初许多文化人类学家曾采用民族志研究方法进行跨文化的研究。著名文化人类学家马林诺夫斯基所创造的参与式观察是民族志研究方法中的核心内容。马林诺夫斯基是发迹于英国的波兰人类学家，也是现代人类学的奠基人之一。他虽然并不是第一个使用田野调查法（田野作业）的人，但他通过自己的实践，建立了以客观民族志记载田野调查研究成果的方式，将民族志打造成了真正的科学研究方法为人类学所用，故有人称他为“民族志之父”。大致在20世纪30年代之后，尤其自60年代以来，民族志研究在教育学中得到了越来越广泛的应用。

① 李立，等. 民族志理论探究与文本分析［M］. 北京：人民出版社，2017：2.

二、民族志研究的特点

民族志是一种为了寻找和探究社区、团体及其他社会组织的社会文化模式与意义的方法与过程。它既可看作一种研究方法，也可看作一种文化展示的过程。作为研究方法的民族志往往具有以下特点。

民族志最突出的特点是基于田野作业，在地方上展开。这里“地方”指的是从空间上定义的社区、组织、工作场所、学校和其他群体。①研究者较长时间深入到研究对象的世界，倾听当地人们的声音，在活动中观察他们，获得第一手观察和深度访谈的信息，以此描述和解释一种文化或某个社会群体，并提出一定的理论见解。

民族志研究具有跨文化的特点，即研究对象所属文化与研究者自身熟悉的文化有一定差别。这种差别可以令研究者对研究保持一定的敏感和中立态度，更好地以一定距离看待跨文化中的人、事、物。

民族志的研究单位一般是特定的社区，社区的构成主要为特定的地域、人群和具有认同感的群体。②社区为研究者提供了一个相对有边界的研究单位，研究者走进社区、透过社区，以小见大地把握社会。

三、民族志研究的步骤

研究者在研究初始时可以确定一个宽泛的研究问题，将这个宽泛的研究问题定位在某个研究范式或理论当中，以明确若干具体的研究问题。这个过程可作为民族志研究的出发点。

1. 研究设计和取样

研究设计主要针对接下来的田野工作，研究者应当考虑好针对研究目的要采取哪些收集资料的方式，在某个环节上应该选取这种还是那种收集研究资料的方法，不同资料间的有机联系是什么，如何使质性资料和量化资料相协调等一系列问题。

研究目的同样影响着对研究地点和人物的选择，即取样。如在前面的案例中，研究者想要了解美国、中国、日本三国的幼儿园，那么研究的地点选择在幼儿园就比家庭或其他社会地点更合适。在确定好地点后，下一步就是选择目标人群，即选谁来

---

① SCHENSVL S L，SCHENSUL J J，LECONTE M. 民族志方法要义：观察、访谈与调查问卷［M］. 康敏，李荣荣，译. 重庆：重庆大学出版社，2012：5.

② 李立，等. 民族志理论探究与文本分析［M］. 北京：人民出版社，2017：186.

做什么。在民族志研究中，研究者也常采用非正式的策略来开展田野作业，比如，在符合研究目的和选择原则的情况下，研究者可以根据方便性原则取样。在前面的案例中，研究者便是以能够接触到的、教师愿意参与拍摄、光线较好的班级为原则进行取样的。

2. 进入田野

与即将展开研究的田野地点建立关系，有助于研究者逐步实现研究计划。贸然进入某个社区或群体，有时会让社区人员心存戒备，不能在最自然状态下配合研究。来自田野地点某一成员的介绍会是民族志研究者进入田野比较好的一个方式。而这一位介绍人可以是一个主管、指导者或者就是该群体中的一员，该介绍人与群体人员的关系越近越好。有时，如果无法找到一个合适的介绍人，那么研究者在该研究地区或群体中生活一段时间，或和群体人员有较长时间的接触，也有助于进入田野。只有获得了群体成员的信任，才有可能做得好民族志研究。

在前面的案例中，三位研究人员本身来自美国东西方文化与技术交流中心，他们每到达一个新的文化环境中，都会与当地工作人员沟通了解情况，一方面探讨符合取样原则的、合适的幼儿园，另一方面也在这种接触中，通过介绍人进入当地的幼儿园。

3. 参与观察

参与观察是大多数民族志研究最常用的基本方法，它不但要求研究者参与被研究群体的生活，还要保持距离以便适度地观察和记录信息。民族志研究者在社区工作和生活的理想时长是6个月至1年或更长的时间，研究者可以学习当地语言，反复观察当地人的行为习惯，了解当地人基本的信仰、恐惧、希望和期待。①研究者越了解该文化，参与观察本身就越便捷。

在应用性研究中，参与观察经常是间断性的且时间跨度很大。例如，在前面的案例中，研究者需要深入三个国家的幼儿园进行一日生活的拍摄，这个项目会在一年中的几天内完成。这种观察较为深入，包括教室内观察、无间断的非正式访谈以及记录各种突发状况，还有教师与幼儿间的互动、家长与教师间的互动、家长与幼儿间的互动、幼儿之间的交往等。

---

① 费特曼. 民族志:步步深入［M］. 龚建华，译. 重庆:重庆大学出版社，2013:42-45.

4. 深入访谈与倾听

访谈是民族志研究最重要的资料收集方法。访谈可以让研究者与社区中的人讨论观察到的和体验到的人、事、物，并引发对研究对象的解释，从而比较不同人的想法，发掘其中的文化意义。民族志研究最常用的是非正式访谈。它的形式较为轻松、随意，有特定但是隐含的研究讨论主题，对深入探讨人们的想法、发掘社区中人们共同的价值观以及维持良好、密切的关系都很有效。

在前面的案例中，研究者正是采用了非正式的访谈，让不同的受访者根据画面内容谈谈自己对录像内容的观点或解释画面中的行为，也会针对画面中的内容提出一些带有研究目的的问题。这种非正式的访谈既包括三所幼儿园的教师、家长、行政人员，也包括本国的其他幼儿教育相关人员和其他两国的幼儿教育相关人员。较为特别的一点是，在这个研究中，研究者用录像作为打开话题的钥匙，而非仅仅提出访谈的问题。在很多研究中，研究者会直接采取对话的方式进行访谈，类似地，对话中的主体是被访谈人，而非研究者。

5. 问卷调查

除了访谈以外，调查问卷是一种较正式和较简便易行的收集资料的书面形式。访谈具有言语互动的性质，能够深入挖掘言语的意义。而利用问卷开展调查具有广泛性，是一种解决代表性问题的好方法。

例如，在案例中，研究者让本国的局外人和非本国的局外人在访谈结束后，填写针对录像中有关幼儿园教育内容的问卷，如“教师对该事件的处理行为很合适、较合适、不合适”等十几道问题。研究者将问卷样本扩大到三个国家共约900人。

6. 做好田野笔记及记录

最初的研究者在田野工作中就是带着纸和笔进行记录的，他们对所看到的地域进行布局描绘，对观察现象进行现场记录，对访谈的内容进行及时的记录。这样能记录下最原本、最鲜活的第一手资料。

随着科技的进步，越来越多的数码设备进入田野记录中，帮助田野工作者便捷地记录现场状况。手机、录音笔、相机、录像机、笔记本电脑及GPS导航等各种软件，都为田野工作者带来了极大的便利。尤其当画面信息量较大，谈话速度较快等时，数码设备具有先天的优势。但是同时，数码设备有一定的局限性，如音频无法捕捉非声音信息，录像无法捕捉画面外信息等。因而，我们建议将纸、笔记录与数码设备记录结合使用，取长补短，让研究者在田野作业中更加游刃有余。

7. 分析与写作

在计划之初，研究者就应当对分析的总体框架有一定的思考，这样才能更好地指导资料收集。而此刻的分析可以说是民族志研究中最吸引人的地方。民族志研究的资料往往具有很多特点，比如，有些资料较为简单且不正式，有些资料复杂且庞杂，有些资料有精准的数据，因而民族志研究的分析是建立在整体设计上反复进行的。研究者必须从成堆的数据、理论、观察报告和被扭曲的事物中找到一条分析思路，并逐步形成一个完整的研究报告。民族志研究者要擅长讲故事，因为民族志报告作品一般具有很强的叙事性。

延伸阅读

1. 威廉·福特·怀特. 街角社会［M］. 北京:商务印书馆，1994. 该书是美国艺术和科学研究院院士威廉·福特·怀特的著作。作者从1936至1940年以被研究群体——“街角帮”一员的身份，对波士顿市的一个意大利人贫民区进行了实地研究。该书在几十年前被列为社会学的经典著作，现在在美国许多大学中依然是社会学的必读书目，至今一直畅销。商务印书馆将其纳入“汉译世界学术名著丛书”，值得我们一读。

2. 孙爱琴. 幼儿园教师教学生活研究［M］. 北京:教育科学出版社，2015.该书对幼儿园教师的一线教学生活做了全面的描述，这不仅可以丰富我们对田野调查的认识，也可以丰富我们对教师教学生活的认识。

参考文献

［1］陈向明．质的研究方法与社会科学研究［M］．北京:教育科学出版社，2000.

［2］陈时见．比较教育学［M］．重庆:西南师范大学出版社．2012.

［3］费特曼．民族志:步步深入［M］．龚建华，译．重庆:重庆大学出版社，2013.

［4］冯增俊，陈时见，项贤明．当代比较教育学［M］．北京:人民教育出版社，2015.

［5］格里斯．研究方法的第一本书［M］．孙冰洁，王亮，译．大连:东北财经大学出版社，2014.

［6］霍克．改变心理学的40项研究［M］．白学军，等译．北京:人民邮电出版社，2014.

［7］霍力岩，黄爽，陈雅川．美、英、日、印四国学前教育体制的比较研究［M］．北京:北京师范大学出版社，2013.

［8］刘良华．教育研究方法［M］．2版．上海:华东师范大学出版社，2017.

［9］江芳，王国英．教育研究方法［M］．上海:华东师范大学出版社，2011.

［10］梅雷迪斯·D. 高尔，博格，乔伊斯·P. 高尔．教育研究方法导论:第6版［M］．许庆豫，等译．南京:江苏教育出版社，2013.

［11］裴娣娜．教育研究方法导论［M］．合肥:安徽教育出版社，1995.

［12］茹荣芳，高庆春，陈新景．学前教育研究方法［M］．北京:清华大学出版社，2016.

［13］斯蒂芬·L. 申苏儿，琼·J. 申苏儿，勒孔特．民族志方法要义:观察、访谈与调查问卷［M］．康敏，李荣荣，译．重庆:重庆大学出版社，2012.

［14］托宾，吴燕和，戴维森．幼儿教育与文化:三个国家的幼教实况比较研究

[M]. 王家通，等译. 高雄:丽文文化事业股份有限公司，1996.

[15] 托宾，薛烨，唐泽真弓. 重访三种文化中的幼儿园[M]. 朱家雄，薛烨，译. 上海:华东师范大学出版社，2014.

[16] 王彩凤，庄建东. 学前教育研究方法[M]. 北京：北京师范大学出版社，2011.

[17] 王春燕. 中国学前课程百年发展与变革的历史研究[M]. 北京:教育科学出版社，2004.

[18] 王坚红. 学前儿童发展与教育科学研究方法[M]. 北京:人民教育出版社，1991.

[19] 殷. 案例研究:设计与方法　第5版[M]. 周海涛，史少杰，译. 重庆:重庆大学出版社，2017.

[20] 约翰逊，克里斯滕森. 教育研究:定量、定性和混合方法　第4版[M]. 马健生，等译. 重庆:重庆大学出版社，2015.

[21] 袁振国. 教育研究方法[M]. 北京:高等教育出版社，2000.

[22] 张燕，邢利娅. 学前教育科学研究方法[M]. 2版. 北京:北京师范大学出版社，2014.

[23] PUNCH K F, OANCEA A E. Introduction to research methods in education[M]. 2nd ed. Thousand Oaks, California:SAGE Publications, 2014.

反盗版举报电话　（010）58581999　58582371

反盗版举报邮箱　dd@hep.com.cn

通信地址　北京市西城区德外大街4号　高等教育出版社法律事务部

邮政编码　100120

读者意见反馈

为收集对教材的意见建议，进一步完善教材编写并做好服务工作，读者可将对本教材的意见建议通过如下渠道反馈至我社。

咨询电话　400-810-0598

反馈邮箱　zz_dzyj@pub.hep.cn

通信地址　北京市朝阳区惠新东街4号富盛大厦1座
　　　　　高等教育出版社总编辑办公室

邮政编码　100029